Vamos!
さあ、行こう!

バレエを広めるモノ

陰キャな僕が王子様を踊る理由

ヤマカイ

はじめに

こんにちは。バレエダンサーのヤマカイです。

YouTubeチャンネル『ヤマカイTV』を見てくださっている方は、表紙でジャンプしている男に見覚えがあるかもしれません。

舞台で踊ることも、YouTubeでコスプレダンスをすることも大好きな僕ですが、小学校に入学したばかりの頃は、学校でひと言もしゃべらないような子どもでした。

でもあるときから、近所に住む友だちが仲よくしてくれるようになりました。明るくてかけっこが速い彼は、小学生男子の人気者要素をすべて満たした、イケイケの陽キャ。陰キャモード全開だった僕が塩対応をしても、彼は楽しそうに接し続けてくれて……。そのおかげで僕も自分の中の明るい部分を表に出せるようになっていき、気がつけば、注目されるのが大好きな、はっちゃけた子どもに変身していました。

彼に出会わなかったら、僕は感情表現が下手で人づきあいが苦手なままだったかもしれません。バレエダンサーになったとしても、役に気持ちをのせることが難しく、観客の前で王子になりきる快感を味わえなかったかも。そう思うと、彼は大恩人です。
この本を出すためにこれまでの自分を振り返ってみて、たくさんの人に支えられ、励まされてきたことにあらためて気づきました。家族や友だち、バレエ関係者、YouTubeの視聴者さん、そして公私にわたるパートナーのネレアさん。僕に関わってくれたすべての人への感謝を込めて、この本のタイトルを『バレエを広めるモノ』としました。「モノ」は「者」であり「mono」。monoはスペイン出身のネレアさんが僕を呼ぶときの愛称で、「かわいいおサルさん♥」的な意味だとか。

僕たちバレエダンサーが、日々、真剣に向き合っているバレエの魅力を、ひとりでも多くの人に知ってほしい。ちょっと照れながらつくったこの本には、そんな思いをつめ込んだつもりです。
手に取ってくださった方に、バレエが大好きなお調子者のおサルさんのストーリーを楽しんでいただけたら。そして「バレエっていいかも?」とチラリとでも思っていただけたら、「キキッ!」と叫びたくなるほどうれしいです。

ヤマカイ

Chapter 3

バレエをもっと広めたい！だからYouTubeで踊ってみた

Chapter 5

ヤマカイ流・バレエガイド

Chapter 6

世界を幸せにするバレエ

Staff

撮影
藤本和典

ヘア＆メイク
川内愛美

スタイリスト
横田勝広（YKP）

デザイン
柴田ユウスケ（soda design）
竹尾天輝子（soda design）

DTP
山本秀一・山本深雪（G-clef）

校正
麦秋アートセンター

編集協力
野口久美子

Chapter 1

バレエダンサー・ヤマカイができるまで

空気を読むタイプでなかったらバレエを始めていなかったかもしれない

「いや、おれはいいです」

スパッと言いきった兄に、小学1年生の僕は心の中で突っ込みました。おい、少しは愛想よく！

2歳上の兄と僕は、母に連れられて地元のバレエ教室の見学に来ていました。当時も今も、バレエは女子に人気の習いごと。男子は貴重な存在です。

そこに小学生男子が、それもふたりやってきたわけですから、先生の期待はマックスまでふくらみます。見学を終えた僕たちに向けられた笑顔からは、「絶対に放したくない」という念がビシビシと伝わってきました。それなのに兄は、先生の希望を秒殺したんです。ニコリともせず、迷うフリさえせずに。

僕たちにバレエを勧めた母は、もちろん教室に入ってほしいと思っています。満面の笑みを顔にはりつけたままの先生は、兄をあきらめ、僕だけをじっと見つめている。僕には、「やってみようかな」と言う以外の選択肢はありませんでした。

もちろん、いやだったわけではありません。見学中、みんなをまねてポーズをとっていた記憶があるので、それなりに興味はあったのかな？　でも、めっちゃやりたい！なんて意欲があったわけではないし、バレエダンサーに憧れたわけでもありません。

２００１年、単に空気を読んだことから僕のバレエ人生が始まりました。

バレエ教室での男子は大切に扱われる希少種

レッスンは、週に2～3回。高学年になってからは週に5～6回になりました。地元ではいちばん規模が大きく、レベルも高い教室だったこともあり、男子は5人。ちなみに同じ地域のほかの教室には、男子はほとんどいませんでした。

バレエでは、男女がペアになって踊る場面がたくさんあります。作品をつくるためには男性ダンサーが必要なのに、バレエをやりたがる男子は極端に少ない。そのため、どこのバレエ教室でも、男子はとても大切にされます。

もちろん僕も、先生からほめられまくって育ちました。男子の中で最年長だったこともあり、教室での扱いは常に「デキるおにいさん」。何かにつけて「さすが、おにいさん！」などともち上げられるため、子どもなりに「年下の男の子たちの模範にならなければ」と思うようになりました。

そのせいだけではないけれど、教室での僕は「超」がつくほどのまじめ男子でした。レッスン中はだれともしゃべらず、先生の指示にも黙ってうなずくだけ。少しでも空き時間があると、ひとりでひたすらクルクル回ってる……。

先生や周りの子も、最初は「この子、大丈夫？」と心配したと思います。でも、レッスンに慣れてきても僕の態度がまったくかわらないので、「しゃべらないキャラ」が定着。中学受験のためにバレエ教室を辞めるまでの6年間、僕はだれともおしゃべりをしませんでした。

学校でははっちゃけているのに だれともしゃべらなくなる場も

バレエ教室の友だちは、僕を「しゃべらない陰キャ」だと思っていたかもしれませんが、学校での僕は別人。いつもはっちゃけて、友だちに囲まれていました。素の僕は人が大好きで、だれとでも仲よくなりたがるイルカみたいな性格。人を楽しませるのが好きで、みんながハッピーになることで自分もハッピーになる、というおめでたいタイプです。

でも、何かの拍子でスイッチが入ると「しゃべらないキャラ」に変身。今では「集中したいときはしゃべらないキャラを発動」のように使い分けられるようになりましたが、子どもの頃は意識的に切りかえていたわけではありません。

小学4年生から入っていた野球チームでは、学校と同じはっちゃけキャラ。でもバレエ教室と、小学5年生の冬から通いはじめた学習塾ではしゃべらないキャラでした。今になって思うと、バレエ教室も学習塾も、初日にしゃべらなかったことがきっかけのような気も……。自分のことに集中してしゃべらないのがいやではないし、キャラ変のタイミングもつかめなかったのでしゃべらずにいただけかもしれません。

学習塾の仲間とは、同じ中学校に進学しました。学校で楽しそうにしゃべったり笑ったりする僕を見て、塾の友だちは衝撃を受けたみたい。「なんだよ、よくしゃべるじゃん！」と驚かれたことを覚えています。

テニスも少林寺拳法もすぐ挫折。野球とバレエにはストイックに打ち込んだ

バレエを始めてからも、僕の生活はバレエ一色だったわけではありません。親が「いろいろなことを体験させよう」というタイプだったこともあり、バレエ以外のことにもちょこちょこ手を出していました。

小学3年生で始めたのが、テニス。兄が通っていたスクールに入ったのですが、初日にいきなり試合をさせられました。まともに打てないのはもちろん、「ラブ」「フィフティーン」なんて言われても何のことやら……。自分が何点とったのかもわからないし、サーブさえまともに打てないし。つまらなすぎて、2週間で辞めました。

テニスの次は、少林寺拳法をやってみました。その頃はやっていたカンフー映画に兄弟ではまったことがきっかけです。道場では、型の稽古をした後、1時間ほどそれぞれで練習するのですが、対戦形式の「乱取り」が許されるのは中級者以上。初心者

の僕は何をしたらいいかもわからず、道場の中をフラフラ歩き回っていました。

一度だけやらせてもらった乱取りは、最悪。防具をつけてひたすら殴り合うことのおもしろさが、僕にはまったく理解できない。ぼろ負けして自分の才能のなさに気づき、4カ月で辞めました。

スポーツもゲームもバトル系は好みじゃない

そもそも僕は、「闘う」系のことに向いていないんだと思います。子どもの頃から、「自分と人をくらべる」という発想がありませんでした。「勝つ」ことがモチベーションにならないので、「勝つために練習しよう」「あいつより先に昇級できるように頑張ろう」などと思えないわけです。

競うことに興味がないので、バトル系のゲームの楽しさもわかりませんでした。僕の好みは、キャラを育てたり街をつくったりする育成系。「えさをやる」「畑に水をまく」なんて単純作業を繰り返し、じわじわレベルアップしていくのが快感でした。

僕の性格を見抜いていた兄は、ゲームの「自分にとってつまらないこと」をいつも僕にやらせました。得意のセリフは、「おれのかわりにキャラを育てとけ。おれは遊びに行ってくる」。

兄がいない間、僕は「一定のコースを巡って集めた養分をキャラに与える」なんて単純作業を飽きずに繰り返します。兄が帰ってきたときにはレベルがマックスまで上がっていて、「どれだけやり続けたんだよ?」と驚かれたこともありました。

兄はゲームが進んで満足、僕も楽しく遊べて満足。僕たち兄弟にとって、こうした分業はWin-Winだったんです。

プレイするのが楽しくて
ストイックに取り組んだ少年野球

バレエ以外で長続きしたのは、小学4年生で始めた少年野球だけ。続いた理由は、野球が好きだったからです。僕の目的は、野球を楽しむこと。勝ち負けを気にしたことがなかったので、チームが強かったかどうかは覚えていません。

小学校のチームだったので、チームメイトは普段の僕を知っている子ばかり。だから学校と同じ「はっちゃけキャラ」で通していましたが、野球への取り組み方はストイックでした。

練習がある日は学校が終わるとダッシュで家に帰り、自転車でグラウンドに一番乗り。メンバーがそろうまで、ひとりで壁にボールをぶつけてはキャッチする練習をしていました。

今思うと、どうせやるなら、素振りのほうがためになったはず。当時の自分にも、「ひとりキャッチボール」がプレイに直接生かされている感覚はありませんでした。それでも続けていたのは、なんだか楽しかったから。バレエ教室で、少しでも時間があると回転の練習をしていたのと同じです。

バレエは、「勝ち負けがない」「同じことを繰り返し練習する」という点で僕に向いていたのかもしれません。人と競って「ナンバーワン」になりたいとは思わないけれど、自分にしかできないことをする「オンリーワン」になりたいという気持ちは、子どもの頃からありました。

繰り返しの先に成長があり、成長が「オンリーワン」の自分につながる。子どもの頃の僕がバレエや野球の反復練習を楽しめたのは、本能的にそんなことを感じていたからかもしれ……いや、やっぱり単純に好きだっただけかなあ。

ら

のは、

より

ーワン

子どもの頃か

なりたかった

ナンバーワン

オンリ

自信満々で棒立ちになった初舞台。コンクール出場前は怒涛のレッスン

初舞台を踏んだのは、たしか小学2年生のとき。バレエ教室の発表会でした。そのときの振りつけは、今でも全部覚えています。

まず、男子5人が縦1列で舞台に出ていく。最年長の僕は、列の先頭でした。そして舞台の中央で、先頭が右、2番めが左、と交互に体を倒していきます。

練習ではいつも完璧で、先生や後ろに並ぶ子たちの僕への信頼は絶大でした。でもなぜか、「デキるおにいさん」であるはずの僕が、本番の舞台で棒立ち！　緊張していたわけでもないのに、なぜか振りつけが頭から抜けてしまったんです。後ろの子たちが動き出した気配で、「あっ、忘れてた！」と……。

発表会は教室全体で行いましたが、普段のレッスンは2学年ごとに分けられていました。僕のクラスは、僕以外全員女子。さらに5年生以上が対象の「ボーイズクラス」

のレッスンは、生徒が僕ひとりでした。

1対1のクラスには緊張感がありましたが、今思うと、本当にありがたかった！　普段のレッスンとは違い、自分に合った方法で指導してもらうことができたからです。

高校卒業後に入ったバレエ学校では、通常のレッスンに加えて個人レッスンを受ける生徒もいました。個人レッスンの費用は、1時間あたり100ドルほどかかるのが普通。小学生時代の僕は、たまたま年齢の近い男子がいなかったために、同様のレッスンを特別料金なしで受けることができたわけです。こんなラッキーなことって、めったにない！　身体能力が大きく伸びる「ゴールデンエイジ」の時代にバレエの土台をていねいに作ってもらえたことは、僕の大きな財産になったと思っています。

発表会やコンクールの準備のときは先生のモードが切りかわる

発表会の準備が始まると、先生が「通常モード」から「難しいモード」にシフトチェンジ。生徒への注意が、厳しめになります。そして、さらにギアを上げて「鬼モード」になるのが、コンクールに出場する生徒へのレッスンでした。

みんなが遊んでいる夏休みに、毎日練習するのはいやだなあ……なんて雰囲気を醸し出しただけで、「は？　コンクールに出るって決めたのはあなたよね？　休めるわけないでしょ？」という「鬼オーラ」の倍返し。遅刻しようものなら厳しく叱られるし、2度めの遅刻は命取りです。「その程度のやる気じゃ、コンクールなんて無理です！」なんて突き放され、泣き出してしまう子もいました。鬼モードの練習のおかげで、小学4年生で出場した初めてのコンクールで、無事に入賞することができました。

中学受験のためバレエはいったんお休み

小学5年生の冬から、僕は中学受験のための塾に通いはじめました。最初のうちはバレエのレッスンの後に塾に行ったりしていましたが、受験が近づくと塾の授業が増え、ほぼ毎日通わなければならなくなりました。

小学6年生の夏、さすがに両立するのが難しくなり、バレエはいったん休むことに。ちょうどその時期、別のバレエ教室に移ることを考えはじめてもいたので、それまで通っていた教室は辞めることになりました。

バレエ教室の発表会で、初めて
踊ったバリエーション（ソロの踊
り）。『くるみ割り人形』の王子役。

部活に夢中でバレエは休止。高1で再開後も、優先順位は部活が上

中学校に入学後、それまでとは別の教室でバレエを再開しました。でも僕の興味は、すっかりバスケ部の活動に移っていました。

小学生のとき「ひとりキャッチボール」をしていたノリで、今度は延々とシュートの練習。その甲斐あって、シュートだけはめちゃくちゃ上手になりました。

バレエに身が入らなかったのは、以前のように踊れなかったからです。練習を中断していたせいで、ぜんぜん体が動かない。さらに、成長痛にも悩まされていました。

バレエには、ジャンプや回転など足に負担がかかる動きがたくさんあります。おまけにバレエシューズは底が薄く、足の骨に直接衝撃が伝わってきます。しっかりした靴を履いてプレイするバスケなら大丈夫だけれど、バレエをするのはちょっと無理！という状態が続いていたんです。

レッスンに参加しても、体がいうことを聞かない。少しやってみただけで足が痛くなり、残りの時間は見学するしかないこともありました。

なんだ、これ？　もうぜんぜん踊れないじゃん……。小学生の頃のような体の感覚や打ち込む気持ちを取り戻せないまま、バレエ教室から足が遠のいていきました。

学校のスケジュールや体調を優先しながらバレエを続けていましたが、2週間レッスンに行かないこともザラ。このままダラダラ続けても意味がないと思い、中学2年生のとき、教室を辞めました。

じわじわと母に勧められバレエ教室に復帰

高校に進学すると、今度はテニスにのめり込みました。小学生の頃、テニススクールを2週間で辞めた黒歴史をもつ僕ですが、高校のテニス部ではリベンジを果たし、なんとかレギュラーに。毎年、全道大会に出場するほどのチームだったため、週に7日練習があるのが普通でした。

でも、高校1年生になった頃からでしょうか。母がバレエの再開を勧めるようなことを言うようになったんです。最初は、かなり遠回しに攻めてきました。「占いをしてもらったら、あなたは海外で活躍するって言われたのよ」。翻訳すると、「バレエダンサーになれば、海外で活躍できるかもしれないよね？」という意味です。

どうやら、同じ教室でバレエを習っていた子の親同士はずっとつながっていたよう。小学生時代の僕を知っている人から「絶対にバレエを続けさせたほうがいい」と言われ、母もその気になったようでした。

母の「バレエ推し」はじわじわと続き、最後は「とりあえず1回やってみて！ 続けなくてもいいから」とストレートにプッシュ。基本的に優柔不断な僕は、そこまで言うなら……と、中学2年生のときに辞めたバレエ教室に戻ることにしたんです。

成長痛は治まっていたけれど、長いブランクのせいで体はぜんぜん動かない。技術もモチベーションも上がらず、「とりあえず行っとくか」ぐらいの気持ちでバレエを再開しました。

バレエと距離をおいた時期があったから視野が広がった

その頃の僕にとって、再優先事項は学校と部活でした。バレエの技術面だけを考えれば、バレエ漬けの生活を続けたほうがよかったはず。でも僕にとっては、バレエと距離をおく時期があったことがむしろよかったのかな、と思っています。

友だちと楽しく過ごせたのはもちろん、学校の先生からもいろいろなことを学びました。高校1年生のときの担任の先生は、文化祭で発表するダンスの準備をする僕たちに、休みをつぶして協力してくれました。普段は「学校はブラックな職場だから、教師にはならないほうがいい」なんてブツブツ言っていたのに。

生徒の話を聞くより自分の話をするのが好きな先生、強く叱った翌日、「感情的になって悪かった」と謝ってきた先生。それまでの僕は、「先生」とはリスペクトするべき存在で、逆らってはいけないもの、と思っていました。でも実は、欠点もあるし失敗もする、ひとりの人間だった！　そして、対・人間として接することで、その人の魅力や考え方に触れられるんだな、ということも実感しました。

「先生」が絶対的な存在になりがちなバレエ界に軸足をおいていたら、こうした視点をもつのは難しかったかも。学生生活を通して、バレエダンサーではなく人間として成長することができたんじゃないかな？　な～んて思っています。

「待ってるぜ」。憧れのダンサーの言葉で、バレエの世界へ引き寄せられた

バレエダンサーを目指すなら、子どもの頃から練習を欠かさないのが鉄則。受験のために数カ月休むぐらいならまだしも、僕のように、年単位でやったりやらなかったりする人は、超少数派です。そもそも、こんなマイペースな生徒につきあってくれる指導者もほぼいないんじゃないかな？

その点、僕は先生に恵まれていました。中学1年生から指導を受けはじめた先生は、子どもの自主性を尊重してくれました。レッスンを休んでも叱ったりせず、僕の選択を受け入れてくれる。厳しさもあったけれど、干渉しすぎないように気を配り、ほどよい距離を保とうとしてくれていることは、子どもだった僕にもわかりました。

部活が楽しくてダラダラとバレエを続けていた頃、もし先生に「部活をやめてバレエに集中しなさい」なんて言われていたら？　母にどれほど巧妙に勧められても、も

う一度バレエをやってみる気にはなれなかったと思います。

先生は僕のスイッチが入るまでじっと待ち、スイッチが入ってからは本気でバックアップしてくれた。今は、感謝しかありません。

踊る力が戻りきっていない時期
「プロになる」ことを意識しはじめる

バレエへの気持ちがかわっていくきっかけのひとつをくれたのが、バレエダンサー・佐々木大《ささきだい》さんです。佐々木さんとの最初の出会いは、小学6年生のとき。地域のバレエ教室の合同発表会に招かれたゲストダンサーのひとりが、佐々木さんでした。

僕にとって佐々木さんは、初めて会ったプロの男性バレエダンサー。発表会の準備期間中、僕たち子どもの出演者と一緒にレッスンやリハーサルをしてくれることが、とにかくうれしくて。プロの踊りを全部目に焼きつけておこうと、佐々木さんをずっと目で追っていました。

配役を決めるためのオーディションのとき、見ている人が多いと実力以上の力を発揮するタイプの僕は、今までできたことがないような回転を決めてしまいました。そんなこともあってか、レッスン期間中も佐々木さんたちが僕を気にかけてくれていることに気づいていたし、先生や母に「あの子は才能がある」などと言っているのもなんとなく耳に入ってきたし……。

当時の僕は、バレエをする場では「陰キャモード」でだれともしゃべらなかったので、佐々木さんたちと言葉をかわした記憶はありません。でも、自分なりに学んだり自信を深めたりする機会になったこともあり、佐々木さんは、僕にとって忘れられない人になっていました。

再会したのは、高校2年生のときです。通っていたバレエ教室に立ち寄ってくれた佐々木さんの顔を見たとき、最初に感じたのが罪悪感。子どもの頃はほめてもらえるレベルだったのに、バレエを離れてしまって、今はぜんぜん踊れない。そのことが裏切りのように感じられました。

帰り際、佐々木さんと少し話をすることができました。会話の内容はうろ覚えですが、ひとつだけはっきり覚えているのが、「待ってるぜ」と言ってくれたこと。まだプロを目指す気持ちはかたまっていない時期でしたが、この言葉を聞いたとき、強く思いました。ああ、この人のいる世界に行ってみたいな……。

大学受験は捨てて
アメリカのバレエ学校の夏期講座へ

高校2年生まで、僕は大学受験をするつもりでした。でもバレエを再開し、アメリカのバレエ学校に留学してプロを目指していた先生の話を聞く機会が増えたことで、少しずつ気持ちがかわっていきました。海外でバレエを学ぶこと、バレエを職業にすること……。経験者の視点からの話は、魅力的でした。

通っていた高校は進学校だったので、バレエダンサーを目指す学生は、かなり異色。自分の気持ちに自信がもてなかったとき、「すごいじゃん」「おれならバレエを選ぶね」と応援してくれたのが、高校1年生のとき、文化祭で一緒にダンスをした仲間でした。

佐々木さんの言葉と友だちの応援に背中を押され、僕の中で、プロを目指してみたい気持ちが大きくなっていきました。そんなとき先生が勧めてくれたのが、ニューヨークのバレエ学校のサマーインテンシブ。2週間ほどの夏期講座で、能力が認められればバレエ学校への入学が認められます。とにかく、行ってみよう。友だちが受験勉強をしている高3の夏休み、僕はバレエの道を選ぶことを決めました。

り、

ない

る

やりたいことより
やらなきゃいけない
ことのほうが
頑張れ

夏期講座での選考を通過して ニューヨークのバレエ学校へ

僕が参加した「ゲルシー・カークランド・アカデミー」のサマーインテンシブは、約2週間。朝7時からレッスンが始まり、パ・ド・ドゥ（男女ペアの踊り）クラス、ボーイズクラス、ストレッチなど、日替わりでさまざまなメニューがあります。

日本では、バレエはあくまで「習いごと」。バレエ学校という環境で学んでみて、初めて自分がしてきたことの先にある世界を知ったような気がしました。

これまで自分がやってきたことは、バレエの基礎を学ぶ段階でしかなかった。でも基礎を身につけた先には、次のステージがあった！

この感覚は、「野球＝素振り」だと思い込んでバットを振り続けてきた後で、野球というゲームがあることを知ったようなもの。当時の僕にとって、バレエについてひとつずつ「知っていく」作業は新鮮で、とても楽しいものでした。

サマーインテンシブを終えた段階で、「ゲルシー・カークランド・アカデミー」への奨学金付きの入学許可が下りました。バレエ学校は、9月が新学期のスタートです。でも僕はいったん帰国し、高校を卒業してから入学することにしました。

バレエを仕事にするしかない環境をつくって逃げ道を断った

日本で大学に通いながらバレエを続け、時期を見て留学する、という方法もあったかもしれません。でも僕は、大学受験をしないと決めました。

バレエだけに絞ってしまえば、ほかに行き場はありません。バレエがいやになったから就職活動をして一般企業に入社する……なんて選択肢は、あえてなくしておいたほうがいいと思ったんです。

ここまで自分を追い込んだのは、僕には強い意志や根性がないから。楽そうに見えるほうへフラフラと向かいがちなのがわかっているから、逃げ道のない環境をつくることが必要でした。

自分はバレエでやっていく。プロのバレエダンサーになる。

こう決めた時点で、バレエは「やりたいこと」ではなくなりました。「やらなければならないこと」になったんです。

人間って、やりたいことより、やらなきゃいけないことのほうが頑張れるもの。それに「やりたい」ことだと、やりたくなったときにやめてしまいたくなります。でも、「やらなければならない」ことには、「つべこべ言わずにやる」という対処法しかありません。

バレエ学校への入学許可は下りたけれど、自分の実力不足はわかっていました。選考に通ったのは、男だから。男性ダンサーはそもそも人数が少ないため、一定のレベルに達していれば「とりあえず入学させてみる」という判断になるんです。レベルの高い女性ダンサーに囲まれてレッスンを受けていると、バレエのコンクール出場者の中に、ひとりだけテニス部員が紛れ込んでいるような気持ちにさせられることもありました。それだけ、僕は後れをとっていたわけです。

入学までに、もっと踊れるようになっておかなければ！　日本に戻ってから、僕は必死でレッスンに励みました。そして1月に高校の授業がすべて終わると、卒業式を待たずにニューヨークへ向かいました。

Chapter 2

プロの
バレエダンサーって、
こんな人

バレエ学校入学から半年でバレエ団の研修生に

バレエ学校は、バレエ団に併設されていることがほとんどです。細かいシステムは学校によって違うけれど、バレエ学校でダンサーを育て、その中からバレエ団に入る人を選ぶ……という流れになっています。

ただしバレエ団に所属できる人数には限りがあるため、バレエ学校に入学すればバレエ団に入れるわけではありません。とくに女性の場合、プロになるための競争率はかなり高くなります。

僕が入学した「ゲルシー・カークランド・アカデミー」は、「ステューデント」と呼ばれるバレエ学校の生徒が3段階にレベル分けされていました。ステューデントの上がバレエ団員ですが、団員のランクも3段階。見習い団員のような位置づけの「トレーニー」、研修生扱いの「アプレンティス」、正団員の「メンバー」です。

僕が在籍していた頃は、ステューデントが各レベル20人、トレーニーとアプレンティスが各10人、メンバーが15人ほど。１００人前後のダンサーのうち、男性は多いときで17~18人だったと思います。

ステューデントとしての入学資格は、13歳以上。バレエ学校は教育機関ではないので、中学や高校に通う年齢の子たちはクラスの合間にオンラインで授業に参加したり、課題をこなしたりと、なかなか忙しそうでした。僕は18歳のとき、いちばんレベルが高い「レベル3」のステューデントとして入学。正式な入学時期は4月でしたが、少し前に渡米し、レッスンに加わらせてもらっていました。

夏期講座から入学までの間にバレエダンサーっぽくイメチェン

前年の8月、サマーインテンシブに参加したときの僕はあまり体が動かなかったので、「たいして上手ではない子」という評価だったと思います。おまけに高校の部活のルールで、髪形も丸刈り。初めて会ったときのディレクターは、「え？　キミ、バレエやるの？　マジ？」みたいな、やや引き気味の反応でした。

でも帰国していた数カ月間に頑張った甲斐があり、学校に戻った頃には、子どもの頃に身につけた感覚を取り戻していました。髪も伸びてバレエダンサーっぽいルックスになっていたこともあり、ディレクターの態度も、「あれ？　キミ、意外に踊れるやん！」というものに変化。入学時にレベル3と評価してもらえたのは、もしかしたら、数カ月前とのギャップが大きかったことも関係していたのかな……？

バレエ学校の「生徒」としての生活は半年ほどで終了

バレエ学校の1日は、ウォームアップと筋トレを兼ねたようなエクササイズからスタートします。その後、基本的なレッスンを行い、午前中の残りの時間は、日によってさまざまなクラスがあります。「バリエーション」と呼ばれる1分間の演目や民族舞踊、演技を学ぶキャラクタークラス、ストレッチクラス……。

ちなみに、ストレッチクラスの内容は、ジャンプを50回、腹筋を50回、足を上げて腹筋を50回、さらにいろいろ……。延々と45分間繰り返されるこれをストレッチと言うのは無理がある。実体は、きつすぎる筋トレクラスでした。

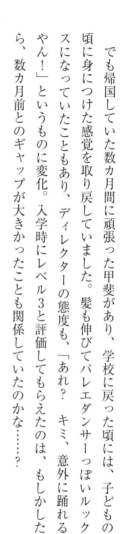

昼の休憩をはさんで、午後はリハーサル。ステューデントは学期の終わりに行う発表会、団員は公演の演目に合わせた練習を行います。

シーズンの最後に、来シーズンのレベルがそれぞれに伝えられます。1年生→2年生のように自動的に上がっていけるシステムではないので、同じレベルにとどまる人もいれば、「飛び級」で昇格できる人もいます。

ほかの生徒より半年遅れて4月に入学した僕は、約半年後、シーズンの終わりを待たずに「明日からアプレンティスで」と告げられました。そして、アプレンティスとして1年活動した後、メンバーに昇格することができました。

アプレンティスになった頃の僕は、まだ英語が不自由でした。ディレクターに「明日からアプレンティス」と言われたときも、何を言われたのかよくわからず、「アプ？アプレ……？」という感じ。

すっきりしないまま自宅に戻り、ルームメイトに「今日、ディレクターにこんなことを言われたんだけど、アプレンティスって何？」と聞いてみました。ルームメイトに説明してもらい、やっとバレエ学校とバレエ団の関係や、自分がトレーニーを飛ばしてバレエ団の研修生に昇格したことを理解しました。

黙ってやるべきことに集中する！
僕なりのやり方をリスペクトしてもらえた

入学時のレベルが高かったり昇格が早かったり、バレエ学校での僕は、かなり高く評価してもらっていたと思います。でも、自分の中には焦りしかありませんでした。

半年遅れで入学したので、同期の仲間よりバレエ学校での経験が少ないし、それ以上に中学～高校時代のブランクが気になっていました。「自分は遅れている」という意識が抜けず、常に「ヤバいヤバい」。

「遅れている」という気持ちは、周りと自分を比較してどうこう、というものではありません。プロを目指したり、プロとして踊ったりする環境に身をおいてみると、「途中で休まずにバレエを続けていたら、今の自分はもう少し高いレベルにいたはずだ」という気持ちが生まれました。でも実際には、ぜんぜんそこに届かない。「あるべき自分」と現実のギャップを埋めたくて、追い立てられるように練習していたんだと思います。

この時期の最優先事項は、技術を磨くこと。バレエ学校でも「ルーティン無口モード」に突入し、スタジオでは一度も話さずに練習していました。

子どもの頃は無自覚だったけれど、このときの無口モードは戦略的な選択です。小学生時代、バレエ教室でも学習塾でも、やるべきことに集中したことでスキルが大きく伸びました。2回の成功体験から、僕の場合、何かを身につけたいときは自分のルーティンに没入するのが効果的なんだな、と学んだわけです。

「しゃべらないキャラ」もネガティブに捉えられない

アプレンティスになってからも、ステューデントのレッスンも受けさせてもらうなどして、とにかく練習。休みの日もスタジオに行き、自分で決めた筋トレなどのメニューをこなしていました。

この頃は、今していることが何につながるか、などはほとんど考えていませんでした。頭の中にあるのは、とにかく練習して経験値をためていきたい、ということ。小学生のとき、野球チームの練習の前、壁に向かって「ひとりキャッチボール」をしていたときと同じ気持ちでした。

スタジオではしゃべらない陰キャを貫いても、とくにデメリットはありませんでした。いい大人が日本で同じことをしたら、「かわった人」扱いされたでしょう。皆がおしゃべりしているときにひとりで練習していたら、「空気が読めない」「優等生ぶっている」などと煙たがられたかもしれません。

でもアメリカでは、集団より個人が優先されることがほとんど。自分と他人のやり方が違うのは当たりまえで、「皆と同じ」であることを求める空気はありません。しゃべる時間を削って練習している僕は、「へんな人」ではなく、ただの「練習したい人」。「彼は黙々と頑張る人なんだ」とポジティブに捉えてもらえました。

あるとき、先生が僕を名指しで注意したことがあります。僕自身はなんとも思わなかったけれど、周りの仲間が「なんでこいつが責められるんだ？　こんなに頑張ってるやつはいないだろ？」なんてフォローしてくれた。

僕がイレギュラーな時期に、それもトレーニーを飛ばしてアプレンティスに昇格したときも、周りの反応は「やっぱりね」。僕が人一倍練習していることを知っていたので、「評価されて当たりまえ」と受け止めてもらうことができました。

言葉や態度で自分から発信することは必要

アメリカには、それぞれが自分の価値観を自由に表現し、同時に他人のやり方もリスペクトする文化があるような気がします。発表会や公演の際、希望していた役がもらえないとディレクターに交渉しにいったり、リハーサル中に「おれにもやらせて」と入ってきたりする人も珍しくありませんでした。もちろん、交渉が実ることもあれば、「面倒なやつだなあ」なんて嫌がられることもある。そこは、自己責任です。

無理してガツガツ自己主張する必要はないけれど、基本は自分から発信することが求められている気がします。「頑張っていれば、だれかが見ていて認めてくれる」という日本流の美学は通用しにくいんじゃないかな……。

僕は口が達者なタイプではないので、言葉であれこれ主張することはありません。でも、「自分はこうする、こうしたい」ということを態度では示しているつもり。そして、僕なりの主張は周りにも伝わっていると思います。

めに、

ロモード」で

習

習・・・・・・

技術を磨くた
「ルーティン無

練

練習練

多国籍ルームシェア生活で「英語が話せない問題」をクリア

バレエ学校への入学のためニューヨークに引っ越し、最初に住んだのは、日本人とフランス人のご夫婦の家。その家の子どもふたりが僕と同じバレエ学校の生徒だったことから、ホームステイさせてもらうことになりました。

10代前半の子どもたちは、簡単な日本語なら話せます。入り組んだ話をする際に通訳をしてくれるなど、何かとサポートしてくれました。でもしばらくたつと、妙な疲れを感じるように。原因として思い当たったのが、「声を出していないこと」でした。

スタジオ以外でもあまり話さなかったのは、話したくなかったからではありません。問題は、ホームステイ先の子どもたちです。家でも学校でも、だれかが僕に話しかけると、近くにいる彼らがかわりに答えたり、頼んでもいないのに通訳しようとしてくれたり。彼らがもう少し大人だったら、「英語はうまくないけれど、自分でしゃべりたいかな」などと察することができたでしょうが……。

2～3カ月たっても英語力が伸びていないことに気づいたとき、このままじゃダメだ！　と思いました。話さない日が続くのもしんどいし、それ以上に、アメリカに留学したのに英語ができないなんてダサすぎる！

休暇などで日本に帰れば、友だちに「英語できるようになった？」と聞かれることもあるはずです。そのとき「……できない」なんて答えるのはかっこ悪いよなあ、と。英語力アップとストレス軽減のため、引っ越すことを決めました。

外国語を身につけるにはアウトプットも必要

引っ越し先は、バレエ学校が借りているアパート。男ばかり6人、2LDKの部屋でのルームシェア生活は新鮮でした。

母親みたいに世話を焼いてくれるアントニーくん、根はいいやつだけれど不器用なマルコくん、やさしいイケメンのウィリアムくん。あとふたりのルームメイトもスペイン系で、英語が母国語なのがひとりだけという環境も、僕にとってはラッキー。とくに、会話レベルが僕とほぼ同じだったウィリアムくんとは何かと助け合えました。ただし母国語がスペイン語のウィリアムくんは、英語を話すときもJをHと発音します。文法などに関してはアドバイスを受け入れてくれるけれど、Jの発音だけは「これはHが正しいんだ！」とゆずらなかった。たぶん今も、「Ｊａｐａｎ」を正しく発音することはできないんじゃないかな……？

ルームメイトのおかげで、引っ越してから3カ月ほどでコミュニケーションに関する不安はなくなりました。でもあるとき、鼻歌を歌っている僕を、マルコくんが「おまえ、何言ってんだよ～」みたいな調子でからかってきたんです。

僕が歌っていたのは、当時はやっていた『Rather Be』。僕はRもLも、日本語の「らりるれろ」で発音していました。自分では「これでも通じるんだから十分」ぐらいに思っていたから。でも、いいやつだけれどデリカシーのないマルコくんは、遠慮なくそこに突っ込んできました。

あ、やっぱり「らりるれろ」じゃダメなんだ？ やっと気づいた僕は、その日から発音に気をつけるようになりました。今でも僕の英語はそれほどうまくないけれど、発音だけは悪くないと言われます。それはすべて、マルコくんのおかげです。

ニューヨークでルームシェアしていた
仲間と。左から、ウィリアム、マルコ、アントニー、リッチ、マイケル、ヤマカイ。

「バレエ＝技術」と思ってきたけれど……。技術という土台にのせるものが見えてきた

バレエ学校ではたくさんのことを学びましたが、いちばん印象に残っているのがアクティング（演技）の授業。講師だったニコライ・レヴィンスキー先生は、バレエに関して、僕がいちばん影響を受けた人です。

バレエには、人物の心情を表す「マイム」と呼ばれる動きがあります。でも、マイムなどの演技が重視されるバレエ作品は多くないし、バレエダンサーも演技より技術面に力を入れる傾向があります。

コンクールで入賞したり有名なバレエ団に入ったりすることが目的なら、バレエの基礎である技術を磨くのがいちばんの近道です。バレエダンサーにとって、技術は自分の実力を示す名刺がわりになるもの。オーディションなどでチェックされるのは、表現力より技術面であることが多いからです。

でもニコライ先生は、「技術はできて当然。ハートが醍醐味！」という考えの持ち主。先生に学んだことで、僕のバレエ観は大きくかわりました。

技術はそれほど高くないのに なぜかうまく見えるダンサーの謎

バレエ学校に入学してから1～2年間は、僕なりにとがっていた時期。とにかく、技術を高めることだけを考えていました。自分はバレエを仕事にすると決めたのだから、しゃべっている時間があるぐらいなら練習しなければ！　と、せっせと仕事に励んでいたんです。

勤勉な僕と対照的だったのが、ラテン系のダンサーたち。もちろん個人差はあるけれど、僕を基準にすると、彼らは仕事熱心とは言えません。スタジオでは超まじめな僕は、よく冗談めかして「ちゃんと練習しろよ～」なんて言っていました。

でも、あるとき気づいたんです。ニコライ先生のクラスだと、ややいい加減な彼らが上手に見えることがある。「やりたくね～」なんて言いながら踊っているのに！

うまく見える秘訣はなんだろう？　と考えて自分なりにたどり着いた答えが、「感情を表現する力」。彼らは普段から、感情表現が豊かです。それが演技に生かされて、踊りを魅力的に見せているんじゃないかな？　と。

たとえば、気持ちを押し殺しがちな僕だったら自分の感情を１００倍にする必要がある「喜び」の表現も、彼らなら5倍ぐらいにすれば十分なように見えます。元となる部分が大きければ、より自然に、余裕のある表現をすることができるはず。これは、表現者として大きな強みだと思いました。

この発見をきっかけに、僕は「無口モード」を抜け出し、ラテン系の仲間の感情表現を見習いはじめました。黙々と練習すれば、技術は間違いなく身につけられます。でも、技術で伝えられることには限界がある。表現者として、技術だけでは通用しないんじゃないか？　と考えるようになったからです。

見る側に感情を伝えるためには
自分の殻を破ることが必要

授業の中でニコライ先生に初めて与えられた役は、『アレルキナーダ』という作品の登場人物。ひと言でいうならコテコテの変態キャラです。

先生にいきなり「おまえ、やってみろ」とふられたときは、ちょっと焦りました。でもやるしかないので、思いきってやってみた。うまく踊れたわけではないけれど、先生は「よくやった！」とほめてくれました。

ファーストステップは、自分の殻を破ること。先生が見ていたのは技術ではなく、自分の感情をのせて真剣に変態役を踊れるか？ ということだったようです。感情が入っていなければ、役柄のおもしろさを生かせない。技術だけでは、見る側に伝えられないものもあるんだ、と気づかされました。

ずっと「バレエ＝技術」だと思ってきたけれど、技術という土台の上にのせるべきものはたくさんある。基礎となる技術を身につけることはゴールではなく、踊りでさまざまな表現ができるようになるための準備だったんだ……。

こんな風に感じるようになってから、バレエのおもしろさがわかりはじめました。そして、バレエの深みにどんどんはまっていったような気がします。

テクニックだけで完結するのではなく、でも、感情だけで突っ走るのでもなく。僕が目指したいのは、蛇口をひねって水を出すように、感情の出し方をコントロールできるダンサー、かな。

役

は

の

を
の
た

バレエの深み
教えてくれた
無茶ブリされ

変態

「練習がすべて」の呪縛はバレエダンサーにとって諸刃《もろは》の剣《つるぎ》

豪華な衣装を着てステージで踊る姿から、バレエダンサーは皆、「ほら、世界一素敵な僕をごらん！」と自信満々のナルシストに見えるかもしれません。でも実際には、自分にあまり自信をもてずにいる人が多いんです。

僕自身は、自他ともに認める自己肯定感が高いタイプ。ネレアさんからも「バレエダンサーとしては異色や！」と言われます。もちろん、もともとの性格もあるかもしれないけれど、それに加えてバレエと距離をおいていた時期があったことや、中学〜高校時代の指導者が自主性を尊重してくれる人だったことがよいほうに作用しているのかな、と思います。

バレエは日々、鍛錬の世界。多くのダンサーは3〜4歳からバレエを始め、プロを目指してバレエ中心の生活を送ります。

バレエのレッスンは、グループで行うことがほとんどです。そのため、常にほかの子とくらべられる。当然、できなければ劣等感を覚えます。そして優等生なら、「ほかの子に追い抜かれてはいけない」とプレッシャーを感じ続けるんです。

自分が通う教室で一番になったら、次は地域で一番になる。そしてバレエ学校に入学したら、クラスで一番を目指す。「プロになる」というゴールに到達するためには、常に勝ち続ける必要があります。

指導者はそれを知っているから、あえて子どもの競争心をあおるような育て方をする部分もあると思います。そもそもバレエ学校のシステムも、競争ありきのものだし。頑張ってプロになっても、競争は続きます。大きなバレエ団の多くは、プリンシパルをトップとするピラミッド構造になっています。群舞を踊るコールドバレエからソロパートを踊れるソリスト、そしてプリンシパルへと、昇格を目指して競い続けなければならないわけです。

こんな世界に身をおいていれば、自然に競争心は強くなります。でも競えば負けることもあるし、順位づけされ続けることで自己肯定感が下がってしまう。すごく上手なダンサーが、「自分なんてダメだ」と思っていることも珍しくないんです。

呪縛にかかってしまえば
エネルギーのすべてを練習に注げる

子どもの頃から練習に割く時間が長いため、指導者との結びつきも自然に強まります。その結果、指導者に私生活や交友関係まで管理され、「先生の言うことは絶対！」なんて関係になりがちです。友だちから聞いた話では、大人になってからも「先生がやっちゃダメというから、ＳＮＳはやらない」なんて人もいたとか……。

こんなことが起こるのは、指導者に従うことが上達につながるからです。技術を高めることだけが目的なら、言われたことをひたすら続けるのが確実。多くのダンサーはそれを体感しているから、自分で考えるのをやめ、「～をしなければならない」「～をするべき」という指導者の教えをルーティン化することを選ぶんだと思います。

こうなってくると、「練習する」という呪縛にかかったようなものです。でも、この呪縛にはよい面もある。やる気の有無や自分がしていることの意義も考えず、「やらなければならないから、やる」という自動操縦モードに入れることです。

考えて判断することには、エネルギーが必要。でも考えるのを放棄すれば、その分のエネルギーを練習に使える。これは、ダンサーにとって大きなメリットなんです。

「バレエをする理由」を聞かれて答えを探そうともしなかった

バレエ学校入学から1~2年間は、僕も「セルフ呪縛」をかけていたんだと思います。大切なのは、うまくなること。そのためには練習しかない！　本気でそう思い、ほぼバレエのことしか考えていませんでした。

年上のルームメイトのアントニーくんから、「カイトは、なぜバレエをするの？」と聞かれたことがあります。なんと答えたか覚えていないけれど、本音は、「そんなこと考える暇があるなら、練習しないと！」。僕の気持ちを察したのか、アントニーくんには「カイトには、まだ早いか」なんて、ため息をつかれたことを覚えています。

その後、先生や仲間からさまざまな影響を受け、バレエは技術がすべてではないことにも気づきました。バレエ学校の延長線上にあったニューヨークのバレエ団から移籍したことで職業観もかわり、YouTubeも始め……。呪縛が解け、少しは視野も広がった今なら、あのときのアントニーくんのため息の意味がわかるような気がします。

ニューヨークのバレエ団が経営破綻。初めての移籍でやっとプロ意識が芽生えた

バレエ学校入学から3年ほどたった頃、バレエ団の経営が厳しいらしい、といううわさが立ちました。元ルームメイトのマルコくんがオフィスに確認したところ、どうやら本当のよう。「カイトも、早く移籍先を探したほうがいい」と勧めてくれました。その後、ミーティングがあり、バレエ団が経営破綻したことを正式に知らされました。所属していたダンサーたちは、移籍先を探さなければなりません。

バレエ団に入るためには、大きく分けて4つのルートがあります。

ひとつめが、オープンオーディション。たくさんの希望者が同じ場所に集められ、基本のレッスンによって合格者が選ばれます。ただし「合格＝入団」ではなく、「合格者は付属のバレエ学校の夏期講座を受け、そこであらためて選抜する」なんてことも珍しくありません。もちろん、オーディションも夏期講座も有料です。例外もある

けれど、入団できる確率がもっとも低いルートだと思います。

ふたつめが、バレエ学校経由の入団。ニューヨークでの僕のように、バレエ団付属の学校で学び、そこから昇格して団員になります。どのバレエ団も学校から一定人数を採用するので、オープンオーディションより確率の高いルートです。

3つめが、プライベートオーディション。ディレクターに連絡をとって動画などを送り、了解が得られたら、バレエ団のスタジオに出向きます。団員に交ざってレッスンを受けることがオーディションになります。それなりの確率で採用してもらえるルートですが、そもそもプライベートオーディションを受け付けていないバレエ団もあり、現地までの交通費等も自己負担なので、時間とお金もかかります。

4つめが、コネクション。バレエ団に所属している知人などを通してディレクターに連絡をとり、プライベートオーディションを依頼します。バレエ団に欠員がなければ断られますが、少なくとも「動画を送ったけれど見てもらえない」などということはありません。ダンサーを求めている場合、知人を通して人柄や働く姿勢なども伝わるため、バレエ団側にとっても信頼できる人材を得やすい方法。ダンサーとバレエ団の両方にメリットがあり、採用につながる確率がもっとも高いルートです。

「バレエをしていればいい」という
レールが途絶えた

情報通のマルコくんのおかげで、僕とネレアさんは早めにオーディションを受けはじめていました。ニュージャージーとマイアミのバレエ団から採用の返事をもらいましたが、ふたりで相談してニュージャージーの「ロキシーバレエ団」への入団を決めました。ちなみにこのときの移籍方法は、プライベートオーディションでした。

ニューヨークのバレエ団は、プロといっても、学校の延長のような感じ。毎日通うスタジオも日々のスケジュールも、バレエ学校時代とかわらなかったからです。

僕の気持ちが大きく変化したのは、移籍の準備を始めたときです。それまではバレエのことだけを考えて、のほほんとしていられた。でも、就職活動を始めたことで視野を広げる必要に迫られました。

これまでは、ただバレエをしていれば進んでいけるレールにのってきたけれど、そのレールは終わってしまった。これからは自分で目標を設定し、進む方向を決めていかなければならないんだな、と実感しました。

プロのバレエダンサーとしての葛藤&プチ絶望

ニュージャージーでは、家探しから自分たちでしなければなりません。家賃や生活費のやりくりについても、初めて真剣に考えました。

遅すぎるかもしれないけれど、自分がプロのバレエダンサーであることをはっきりと意識したのもこの頃です。ほとんどのダンサーは、「バレエダンサーとしての成功」を目指すけれど、僕にはそれがしっくり来ませんでした。

バレエの舞台や動画で一流ダンサーの踊りを見ると、軽く絶望してしまう。この作品でこの人に勝てるダンサーなんていないよな。すでに最適解が出ているのに、かなうはずがない自分が無理やりそこを目指すことに、意味があるのかな……。

そのときはわからなかったけれど、僕は「自分が最適解になれる何か」を求めていたんだと思います。「だれかよりうまい」ダンサーになることではなく、「自分でなければならない」何かになりたい。頭の中がごちゃごちゃの状態で、そんな風に感じていたような気がします。

バレエダンサーの生活は週に5日、朝から夕方まで動きっぱなし

アメリカでのバレエのシーズンは8〜9月にスタートし、5〜6月頃に終了します。シーズン中に心がけているのは、日々のルーティンをくずさないことです。練習やコンディションの維持にエネルギーを使いたいので、起きてから寝るまでの間の「選択」を減らしたい。そのために自分なりのルーティンを決め、日常生活のことはあれこれ考えずにこなせるようにしています。

朝は、9時からスタジオでレッスン。バレエの基本的な稽古は、バーをもって行う「バーレッスン」が45分、バーから離れて踊る「センターレッスン」が45分。この流れは、子どもも大人も、プロもアマチュアも同じです。バレエには「型」があり、稽古ではそれをなぞっていくので、僕たちダンサーは毎日、ほぼ同じことを繰り返すことになります。

約1時間半の稽古には、トレーニングの意味もあります。この後のリハーサルでは、役柄によって踊りの内容や時間がかわってきます。リハーサルでたくさん踊る場合は、疲労を防ぐため、朝の稽古は軽めに。反対に、リハーサルで踊る時間が短い人はがっつり稽古をして、筋肉や技術のキープに努めます。

11時半から13時半までは、公演に向けてのリハーサルを行います。30分のランチ休憩をはさみ、14時から16時半までリハーサルの続き。火曜日から土曜日はこの繰り返しで、日曜日と月曜日は休日です。

リハーサル期間は、バレエ団の方針や作品によってまちまち。クリスマスシーズンに上演した『くるみ割り人形』の場合は、6週間リハーサルをして4週間の公演。作品によっては、10日間リハーサルをして公演は一度だけ、ということもありました。

リハーサル期間の長さと公演回数のバランスに関しては、正解はないような気がします。振りつけを覚えたらすぐ公演、なんていう流れは、ダンサーにとっては不本意。踊ることはできても、表現を深めていくことができないからです。

でも反対に、何週間もリハーサルをして公演が1回、というのもちょっと……。あんなに練習したのに、本番はたった1回？　と文句を言いたくなります。

まあ、求められたことをさっとこなせるのがプロ。どんな条件でもビシッと決められるダンサーであれ、ということでしょう。

リハーサルなどのすきま時間に
筋トレ&ストレッチ

僕は体がめっちゃ強い！　というタイプではないので、とくにシーズン中はコンディションの維持に気を配っています。毎日のていねいなストレッチと筋トレは必須。でも、自宅に戻ってからもう一度スイッチを入れるのはきついので、稽古やリハーサルの合間にこなすのが、日々のミッションです。レッスンに集中し、少しの空き時間もむだなく使うため、スタジオではスマホを見ないことに決めています。

ストレッチは、自分で決めたメニューに沿って行います。所要時間は、約30分。スタジオにいる間、5分、10分という空き時間を利用して少しずつこなしています。

筋トレは、「今日は足の日」「今日は体幹の日」などとパーツで分けて実行。筋トレはできるだけ午前中から午後早めに終わらせ、帰宅までにストレッチもすべて終えられるのが理想です。

『Spring Waters』のリハーサル風景。このリフトの練習中、ネレアさんが落下する事故が。軽傷ですんでよかったけれど、大反省。

めできる

で

りたい

感情の蛇口を
自在に開け閉

表現者
あ

ネレアさんとの同棲生活は交際0日で始まった

僕が21歳、ニューヨークのバレエ団にいたときのことです。バレエのシーズンは終わり、バレエ学校のサマーインテンシブが始まっていました。日本に戻らず、ニューヨークに残っていた僕は、コンディション維持のためにレッスンに参加していたんだと思います。

サマーインテンシブの参加者の中には、バレエ団のオーディションを受けにきたダンサーも何人か交じっていました。その中のひとり、小柄で目の大きい女の子が、なんだか気になりました。

「気になった」とはいっても一目ぼれしたわけではなく、どこかで見たような気がした、ということです。同僚に聞いてみると、彼も「そう言われれば、見たことあるかも」。でもどこで見たのかは、ふたりとも思い出せない！　最終的に、「コンクールの映像かなんかで見かけたんじゃない？」といういい加減な結論に落ち着きました。

その頃の僕は、ルームシェアしていたメンバーが皆引っ越してしまったため、広いアパートにひとりで住んでいました。アパートの借り主はバレエ団。空きがある部屋には、入居者をどんどん連れてきます。

サマーインテンシブが始まって間もなくやってきたのが、台湾出身のハンクくん。その直後に、バレエ団の担当者に連れられてもうひとりの入居者がやってきました。それが、「どこかで見たことがある」と思ったあの子。ネレアさんでした。

つまり僕とネレアさんは、交際0日で同棲生活を始めたわけです。まあ、正確に言えば、ハンクくんと3人でのルームシェアですが。

ネレアさん&ハンクくんとのルームシェア生活がスタート

サマーインテンシブが終わり、ネレアさんはアプレンティスとして入団することが決まりました。ステューデントとしてバレエ学校に入ることになったハンクくんは、そのまま僕との同居を続行。ネレアさんはいったん部屋を引き払ってスペインに帰国しましたが、ニューヨークに戻ってくると、また僕とハンクくんが暮らすアパートに落ち着きました。

小柄なネレアさんにとって、大勢の中でレッスンの様子をチェックされる形のオーディションは、少し不利。そのため、最初はトレーニーとしての契約を提示され、交渉して一段階上のアプレンティスになったそうです。

でもネレアさんは体が強く、技術も高い！　実際に踊らせてみると実力があるのは明らかで、バレエ団の公演では、アプレンティスなのにずっと主役を踊っていました。

ネレアさんも知らない
僕が彼女を好きになった瞬間のこと

バレエ学校やバレエ団は、ほとんど女子校のような世界です。子どもの頃からたくさんの女性に囲まれ、仲間として一緒にレッスンしていると、女性を異性として意識する感覚が鈍くなってきます。

ハンクくんと僕の部屋にネレアさんがやってきたとき、もちろん「かわいい人だな」とは思いました。でも、ただそれだけ。女性として意識するようになったのは、もう少し後のことです。

その瞬間のことは、今でも映像つきではっきり覚えています。アパートのリビングで、僕たち3人はおしゃべりをしていました。ネレアさんとハンクくんが向かい合って座り、僕の位置は、ネレアさんの対角線上。ネレアさんとハンクくんは何かおもしろい話で盛り上がっていました。

ハンクくんの言葉に、ネレアさんが爆笑！　僕が惹かれたのは、その豪快な笑顔です。笑い転げるふたりの隣でなぜか僕だけが冷静だった、少し不思議な瞬間です。

このときのことは、まだネレアさんに話したことがありません。僕は今でも、ネレアさんの笑顔を見るたびに素敵だと思います。でも、「大口を開けて笑っているあなたを見て、好きになりました」と言われるのって、女性にとってうれしいことなのかどうかが、よくわからない。ネレアさんに伝えるときは、表現を十分に考えてから口に出そうと思います。

3人で暮らすアパートは2ＬＤＫだったので、僕とハンクくんで1部屋、ネレアさんがもう1部屋の個室を使っていました。でもだんだん、僕がふたつの部屋を行き来するように……。そんな僕たちを、ハンクくんはやさしく見守ってくれました。

オンとオフでかわるネレアさんと僕の関係

ニュージャージーのバレエ団に移籍してから、ネレアさんとふたりの生活が始まりました。住むところを急いで探したため、最初の部屋は家賃が高すぎ！　翌年、手頃な部屋に引っ越し、やっと生活が落ち着きました。

日本人の僕とスペイン人のネレアさんは就労ビザについてもあれこれ考えなければならないため、移籍する際にも何かと手間がかかります。ニューヨーク時代とは生活環境も大きくかわり、お金のやりくりをどうするか？　という問題にも直面し……。

厳しい現実を突きつけられ、バレエダンサーの仕事で生活していくってこういうことなのか、と学んだ時期でもありました。ネレアさんとも、お金のことでよくけんかに。でも、「けんかができる関係」になり、一緒にあれこれ乗り越えたことで、結びつきが強まったんじゃないかな、と思います。

ニュージャージーで2年暮らした後、テキサスの「バレエフロンティア」に移籍。3年間在籍し、現在はカリフォルニアの「ステイトストリート・バレエ団」に所属しています。バレエダンサーの契約は、1シーズン単位が基本。シーズンの終わりにバレエ団と話し合い、継続するかどうかを決めます。バレエ団側の判断もあるけれど、ステップアップするために、多くのダンサーが数年で別のバレエ団へ移っていきます。

自分の感情をしっかり表現できるネレアさんを尊敬！

普段のネレアさんと僕の関係をひと言でいうなら、「有能な上司とデキない部下」。ネレアさんには、バレエに加えて「問題処理能力が高い」「マルチタスクをこなせる」という強みがあります。契約やビザ関連などの書類仕事にもすぐにとりかかり、テキパキ終わらせる。それに対して僕は、なんでも後回しにしてしまいます。

やるべきことをやらないまま、リビングに靴下をぬぎ散らかしてのんきにYouTubeを眺めている僕をネレアさんが叱り、僕がしぶしぶ「宿題」にとりかかる……というのが日々のパターンです。ネレアさんは怒ると、ワーッと感情をぶつけてくるタイプ。叱られるときは正当な理由があるので、僕は返す言葉もありません。でも仕事に関しては、僕も叱られているだけではありません。意見が違うときは、ちゃんとやり取りすることにしています。

ぶつかるきっかけは「音の取り方の違い」なんて技術的なことがほとんど。でも根っこにあるのは、僕たちの考え方の違いだと思います。

ネレアさんが完璧主義なのに対し、僕は「状況に合わせていけばいい」と思うタイプです。常に全力で取り組むネレアさんは、リハーサルの初日から、自分にもパートナーにも完璧を求める。それが間違っているわけではないけれど、僕は、焦らず、段階を踏んで完璧に近づけていくほうがよい場合もあるんじゃない？　と思う……。

どちらかといえば僕が正しいな、なんて流れになっても、ネレアさんは負けを認めません。でも自分のそんなところを、ネレアさん自身もかえたいみたい。キレながら「私だって、少しずつかわってるでしょ！」なんて言ってくることもあります。

感情を素直に出したり、たとえ怒っていても気持ちを言葉にできたりするのは、僕にはない能力。けんかの最中でも、「僕もちょっと見習ったほうが、表現の幅が広がるかな？」なんてアーティスト目線で考えてしまうこともあります。

Chapter 3

バレエをもっと広めたい！だからYouTubeで踊ってみた

YouTubeを始めたのはバレエ団のディレクターの勧めがあったから

ニューヨークのバレエ団にいた頃は、バレエ団が借りている部屋に無料で住むことができました。でもニュージャージーに引っ越してからは、家賃も含めて生活費はすべて自己負担。暮らしはじめてすぐに、家賃が高すぎることに気づきました。土地勘もないところで急いで住む場所を決めなければならなかったため、十分に比較検討する時間はありませんでした。深く考えずに、とりあえず見つかった部屋を借りてしまったのが失敗でした。

なんとかしなければ！　と思ったけれど、そもそも賃貸物件が少ない地域です。安い部屋を探して引っ越すのも簡単ではありません。

お金がないことに加え、僕自身に、バレエダンサーとしてどこを目指せばいいのか？という迷いも生まれていた時期。いろいろなことに軽く行きづまり、相談相手になってもらったのが、バレエ団のディレクターであるマーク・ロキシーさんでした。

バレエの価値や役割について考えるきっかけをもらった

マークさんは経営者であると同時に、アーティストの視点ももっている人。彼が率いる「ロキシーバレエ団」は、バレエ作品の上演に加え、地域に貢献する活動にも力を入れていました。

少年用の更生施設で入所者と一緒にバレエをしたり、学校の授業の一環として、歴史的なできごとをバレエ作品に仕立てたものを体育館で披露したり。通常の公演ではコテコテのクラシック・バレエも踊りましたが、このバレエ団ならではのオリジナル作品もたくさんありました。

所属しているダンサーたちは、古典作品など「バレエらしいバレエ」をもっとやりたい、という人が多数派。でも、僕はバレエ団のさまざまな取り組みが気に入っていたし、活動にやりがいも感じていました。

バレエは、すばらしい古典芸術です。でもだからといって「見たい人が楽しむもの」

と位置付けてしまうのではなく、時代に合う価値を付け加えていきたい……。そんなマークさんの姿勢に、僕は共感を覚えていたんだと思います。

テーマや見せ方を工夫することは、バレエそのものに興味がない人にもバレエと接する機会を提供することになります。公共性のある活動をバレエでサポートすることができれば、バレエそのものやバレエ団の価値も高まっていくはずです。

こういった幅広い視点は、これまで出会ったバレエ関係者にはなかったもの。僕にとっては新鮮でした。同時に、常に自分がしていることの価値を考え続けているマークさんを尊敬するようになっていました。

バレエダンサーの多くは、自分に「技術を磨いてうまくなることがすべて」という呪縛をかけ、ルーティンでレッスンをこなしています。それは、バレエダンサーであり続けるために必要なことなのかもしれない。でも僕には、なんだかもったいないことのように思えてしまいます。

目を上げて周りを見回せば自分が知らなかったものが見え、それが新しい価値を生み出すかもしれないのに……。今の僕がこんな風に考えるようになったのは、マークさんの影響が大きいような気がします。

バレエがらみの副業の相談をしたつもりだったけれど……

マークさんに相談したのは、まずお金の問題です。家賃が高くてもう少し生活費が必要だけれど、就労ビザの関係でバレエ以外の仕事はできない。僕たちの現状を伝え、思わずポロッと言いました。僕、何をすればいいでしょう……？

マークさんの答えは、意外なものでした。

僕がきみだったら、ＹｏｕＴｕｂｅをやるね。

は？　ＹｏｕＴｕｂｅ？　僕が予想していたのは、バレエ講師や、バレエ発表会のゲストダンサーといった仕事の紹介です。まさか、ＹｏｕＴｕｂｅとくるとは……。

マークさんの提案は、バレエの基礎技術を動画で教える、というもの。なるほどなあ、とは思ったけれど、なんとなくしっくりこないものを感じました。

でもマークさんと話すうちに、ＹｏｕＴｕｂｅをやってみること自体はよいアイデアのように思えてきました。そして自宅に戻る頃には、やってみたい気持ちがふくらんでいたんです。そして、次に僕がしたのは、日本にいる兄に電話をかけることでした。

動画配信のミッションは
バレエを知らない人にバレエを広めること

YouTubeを始めてみようかな？　と思ったとき、アドバイスを求める相手として兄の顔が浮かんだのは、その前年に帰国した際のことがきっかけです。

ニューヨークから北海道の実家に帰省した僕は、ビザの手続きのため、東京の兄の家に数日間滞在しました。兄は、たしか大学の6年生。人より長めの学生生活を送りながら、友だちと起業するなど、あれこれチャレンジしていました。

兄と顔を合わせるのは、数年ぶり。二十歳《はたち》そこそこの僕はプロのバレエダンサーになり、自分に少しだけ自信がついてきた時期です。世間のあれこれに関して、自分の思うところをベラベラと話していました。

兄は、僕のおしゃべりを黙って聞いていました。でも、自分からはひと言もしゃべらない。ねえねえ、僕の話、聞いてる？　と言いそうになったとき、突然、すっと立ちあがりました。そして本棚に手を伸ばし、抜き出した本を僕に手渡したんです。「読め」ということでしょう。

兄がくれたのは、堀江貴文さんの『多動力』。読んでみると、僕がぼんやり感じていたことが、より論理的&実践的に書かれていました。

ああ、世の中には、こんな人生攻略本があるんだ！

ビジネスや自己啓発系の本を読む習慣がなかった僕にとっては、まさに目からウロコ。同時に、兄が僕のおしゃべりを聞き流していた理由もわかりました。兄はおそらく、「こいつ、レベルが低いこと言ってるな〜」とでも思っていたんでしょう。

無事にビザが下りてニューヨークに戻るとき、僕は兄に頼んで、本を何冊かもらいました。それ以来、兄の知識量には一目置くようになっていたんです。

YouTubeとバレエのコラボに兄が食いついた

知識は豊富ですが、兄はYouTubeや動画制作にくわしかったわけではありません。でも、「YouTubeを始めてみようと思うんだけど」という僕の言葉に、前のめりに反応しました。

その頃の兄は、友だちと起業した事業に行きづまりを感じていたそう。あれこれ考えて出した結論が、スモールビジネスが生き残るためには、「競合が少ない専門的な業界」でなければ難しい、ということ。そこに、僕が電話をかけてきたわけです。

バレエは、まさに専門的な業界。とくに、男性ダンサーは少数です。バレエ教室やバレエグッズの競合はそれなりに多いけれど、「バレエ×YouTube」なら、競合はほとんどいない！　僕の話を聞いた瞬間、兄にはビビッと来るものがあったようです。

「家賃稼ぎのため」の配信にはしたくなかった

ふたりで協力してYouTubeをやってみよう、と話はすぐにまとまりました。

もうひとつ兄と意見が一致したのは、せっかくやるなら、社会的意義がないとやる意味がない、ということでした。

僕がYouTubeを始める直接のきっかけは、足りない分の家賃を稼ぐことです。でも、「バレエダンサーがちょっとお金を稼ぐための副業チャンネル」ではダメ。

目的が家賃稼ぎでは、視聴者からも支持されないし、自分たちのモチベーションだって保てません。

自分に何ができるだろう？　と考えたときに浮かんできたのが、「バレエを広める」ということでした。バレエってきれいだよね、と思う人はそれなりにいるけれど、実際に劇場に足を運んでくれる人は多くない。「裾野の狭さ」は、バレエ界が抱える問題のひとつです。

いろいろな意見があると思いますが、バレエが一部の愛好家のためのものになりがちな理由のひとつが、認知度の低さだと思います。情報量が少ないから、「お金持ちのハイソな楽しみ」「チュチュを着たお姫様と白タイツをはいた王子様のダンス」なんてイメージがひとり歩きしてしまうのではないでしょうか。

それなら、バレエのイメージをかえるための取り組みをしてみてもいいんじゃないか。だれもが無料で見られるYouTubeは、その活動に最適なんじゃないか……。

YouTubeのテーマは、「バレエを広める」に決めました。バレエに興味がない人、「バレエ＝白タイツ」と思い込んで敬遠している人たちに、「あれ？　バレエってもしかしたらおもしろい？」と思ってもらうこと。それが、僕の目標になりました。

「とりあえず撮って出す」から YouTubeをスタート

兄と協力してYouTubeを始めることは決まりました。さて、次は……。

「おまえ、とりあえず1本撮ってみて」

兄は、当然のように言いました。作戦を立てるのは兄で、現場で働くのは僕。そういえば子どもの頃、兄が遊びに行っている間に僕がコツコツ作業してゲームのレベルを上げていたっけ。兄弟の役割分担は、大人になってもかわりませんでした。

というわけで、僕は動画を撮影してそれっぽく編集し、翌日には兄に送信。兄が見た後、YouTubeのアカウントを作って、すぐにアップしました。

「作ったものをとりあえず上げる」は、兄の作戦です。よいものをつくろうとすると、つい準備に時間をかけたくなります。でも、兄も僕も動画制作はまったくの素人です。そもそもYouTubeで動画を見たことさえ、ほぼありませんでした。

さらに、ソーシャルメディアにもくわしいわけじゃない。Twitterや
Instagramは使っていたけれど、バズらせようとかフォロワーを増やそうとか考えたことはなく、知識は一般人レベルです。
そんなふたりがあれこれ考えたからといって、つくるもののクオリティはそれほど上がらないでしょう。だから欲張らずに、まずは、今できるものを出していく。そして、経験を重ねながら質を上げていったほうがいい、と考えたわけです。

自分が踊る動画をアップするのは思い上がっているから……？

YouTubeでバレエを広めたい、と決めたけれど、スタート前の僕には、バレエに関する動画を投稿することへのためらいもありました。バレエ界には、「とにかく練習してレベルアップせよ」という呪縛があります。その影響で、SNSなどに自分が踊っている動画を投稿することは、周りにネガティブに受け止められがちでした。

そこにあるのは、自分の動画を上げる＝自分のことをうまいと思っている＝謙虚さが足りない！という図式。そして、謙虚さが足りないダンサーは、いい気になっちゃっ

て努力もしないんでしょ、なんていう目で見られてしまうわけです。

さすがに今は減りましたが、当時はプロだろうとアマチュアだろうと、バレエダンサーがＳＮＳに自分の踊りの動画を上げるときは、「僕なんてまだまだなんですが、今日のレッスンの様子を紹介します」のようなコメントを添えるのがお約束でした。「自分はまだまだ」という枕詞をつけなければ、「思い上がったダンサー」というレッテルをはられかねなかったからです。

以前からこうした風潮に疑問を感じてはいたけれど、僕だってバレエ界の一員です。自分が踊る動画を投稿したら、調子に乗っていると思われないだろうか。堂々とプロを名乗ることが「自慢」と受け止められないだろうか……。小さな不安はいろいろありました。

ターゲットはバレエ界の外にいる人

こうした不安を乗り越えさせてくれたのは、理屈っぽい兄でした。ＹｏｕＴｕｂｅでの活動を批判的な目で見たり、プロであることを自慢しているように感じたりする人は、もちろんいるだろう。でもそれは、だれ？　バレエ界の人だけなんじゃない？

言われてみれば、その通り。僕の目的が「バレエを広める」ことなら、ターゲットはバレエを知らない人。バレエの知識がないわけですから、「たいしてうまくもないのに、いい気になっちゃって！」なんて見方はしないでしょう。

また、業界の外にいる人にとって、「プロバレエダンサー」はただの肩書きにすぎません。僕にとって「プロボクサーです」や「プロの俳優をしています」という言葉が自慢に聞こえないのと同じことです。

バレエ界の外に向けて発信するのに、バレエ界の理屈を持ち込んで萎縮するのはもったいないよ。兄の言葉に納得し、僕のモヤモヤは解消しました。

すっきりした顔の僕に、兄はさらに知識を授けてくれました。同じ内容でも「バレエをやってる人」より「プロバレエダンサー」からの発信のほうが説得力がある。情報を受け取る側が、「プロなんだから、アマチュアよりすごいに違いない」という錯覚を起こすからだそうです。

錯覚でもなんでも、使えるものは使う。ＹｏｕＴｕｂｅでは、バレエ界の外だけに目を向けていこう。スタートする時点で、僕の気持ちはかたまっていました。

恥じらいを捨てた「高校デビュー作戦」でゼロスタートを回避

ＳＮＳなどで何かを発信するときって、独特の気恥ずかしさがあります。だからつい、最初はこっそり始めて、それなりにフォロワーが増えてから友だちにカミングアウトしようかな、なんて思いがちです。

でも兄は、そんなやり方を全否定。とにかく、今ＳＮＳでつながっているすべての人に告知したほうがいい、と主張しました。

ちょっと恥ずかしい気持ちはわからなくもないけれど、まずは知り合いに見てもらわなければ広まらない。知り合いが応援してくれないようなチャンネルを、赤の他人が応援してくれると思うか？

兄の言葉に納得し、恥じらいは捨てることに。名づけて、「高校デビュー作戦」です。

中学までめだたなかった子が、高校の入学式にいきなり派手にイメチェンしてくると、周りに受け入れられにくい。でも、中学を卒業する時点で「おれ、高校からかわるから！」と宣言していたら？　たぶん、ほとんどの友だちが高校デビューを応援してくれるでしょう。事前情報があれば、大幅なイメチェンも「かっこよくなりたくて努力しているんだな」とポジティブに受け止められるからです。

ＳＮＳに関しても、周りの人の心理はたぶん同じ。成果を上げてから「ヨロシク！」なんて伝えるより、始める時点で「これから頑張るから！」とさらけ出したほうが共感を得られるんじゃないか……？

というわけで、動画投稿を始める前後に、ＳＮＳにＹｏｕＴｕｂｅを始めることを書き込みました。今ほどＹｏｕＴｕｂｅへの投稿者が多くなかったこともあり、「知り合いがテレビに出てる」みたいな感覚で見てくれた人が多かったんだと思います。高校デビュー作戦を採用したおかげで、最初の動画は１００回ほど再生されました。

すぐに結果が出るから
経験値をどんどんためられる

動画づくりは慣れない作業だったけれど、楽しいことばかりでした。何よりいいのが、やってみたいと思ったことがすぐできる、という点です。

普通の会社だったら、アイデアが浮かんだからといって、すぐに実行することはできません。企画書を書いて、主任のチェックを受けて課長の承認をもらって営業と調整して……なんてややこしい手順を踏まなければならない。よい企画だって、上司のセンスに合わなければ闇に葬られてしまいます。

でも、自分でつくって自分で発信するＹｏｕＴｕｂｅは、アイデアをすぐ形にすることができます。投稿したものに対してリアルタイムで反応があるから、よかったこと、ダメだったこともわかりやすい。改善点がはっきりわかるので、確実に次に生かしていくことができます。

もちろん失敗もあるけれど、企画から実行までの時間が短い分、手がけられる仕事の量は多くなります。計画→実行→評価→改善の「ＰＤＣＡサイクル」を短期間でグルグル回せるため、経験値がどんどん上がっていく。学べる量が多いから、自分の成長も速いんです。

ただし、たとえ短いものでも週に3本の動画を仕上げるには、それなりに手間がかかります。作業時間を確保するため、ＹｏｕＴｕｂｅを始めてからは、時間の使い方が大きくかわりました。

バレエダンサーとしての仕事は夕方に終え、夜は動画の撮影や編集。夕食をつくって食べる30分ほどが貴重な休憩時間です。

動画制作の作業は95%を僕が担当

動画制作に関して、兄は「コンサルタント」的な立場を貫いています。週に一度、ふたりでネタを出し合う「ラインナップ会議」を行っていますが、撮影と編集をするのは僕の仕事。現場で手を動かすより外枠を決めて指示するほうが得意な兄は、視聴者の傾向などを分析してアドバイスをしたり、投稿した動画について、気になることを指摘したり、という役割を担っています。

僕のほうが圧倒的に作業量が多いけれど、お互いに納得&満足しています。兄はプロセスを楽しむタイプではないため、一緒に撮影しようとしたら、確実に現場の雰囲気をこわします。だから、むしろいないほうがいい。適材適所で補い合う、今の役割分担がベストだと思っています。

開始から収益化まで、約3カ月。Twitterで拡散してくれた人に感謝！

SNSでつながっている人が最初の視聴者になってくれたおかげで、『ヤマカイTV』の登録者数や再生回数はジワジワと伸びていきました。YouTubeで広告収入を得るための条件は、「チャンネル登録者数1000人以上」と「直近12カ月の総再生時間が4000時間以上」。登録者数はすぐにクリアできましたが、再生時間がなかなか規定に達しませんでした。

僕は動画をつくる作業そのものを楽しんでいたので、それほど焦りは感じませんでした。でもブレーンである兄は、だいぶもどかしかったみたいです。

どうすれば多くの人に見てもらえるのか？　経験が浅い僕たちが正解を探すためには、トライ&エラーを重ねていくしかありません。あれこれ試してみましたが、どれも決め手に欠ける。期待しながら投稿しては、「これもダメか」とがっかりする、の繰り返しでした。

地道な研究（？）が報われてついにバズった

流れが一気にかわったのは、スタートから3カ月ほどたった頃でした。初めてバズったのは、『バレエあるある』の動画。Ｔｗｉｔｔｅｒで拡散されたのをきっかけに再生回数がどんどん伸びていきました。

チャンネル登録者が増えていくのを見て、兄と一緒に「キター！」「勝った勝った！」「優勝や！」と大喜び。何に勝ったのかはよくわからないけれど、頑張ってきたことがやっと報われたような気がして、とにかくうれしかった！

『バレエあるある』が伸びたのは、偶然ではありません。もちろん運にも恵まれたけれど、当時の「ウケる要素」を詰めこんだつくりにしてあったことも事実です。

動画制作経験の浅い僕たちが、どうやって「ウケる要素」を取り入れたのか？　もちろん、人気動画を研究することによってです。もう少しはっきり言うなら、人気動画をマネすることによってです。

『バレエあるある』をつくったのは、人気ユーチューバーであるtakkyu geininさんの動画をまねしてみよう、と思ったのがきっかけです。卓球をする人の「ちょっとヘン」な場面をシュールに再現する『卓球あるある』というシリーズが、妙におもしろい！　これをバレエにおきかえてもいけるんじゃないか、と考えたわけです。

僕たちは、『卓球あるある』以前にも、さまざまな人のコンテンツをまねしてきました。動画の構成や編集のしかたはもちろん、たとえば「叫ぶ」場面がある動画がウケているなら、叫ぶタイミングや回数、声のボリュームなどまでまねをする、という取り組みを続けていたんです。いわゆる「TTP＝徹底的にパクる」というやつです。

数多く試した中で、ついにバズったのが『バレエあるある』。TTPをコツコツ続ければいつかは当たるはず！　と信じてはいたけれど、結果につながったときは大きな達成感がありました。

Twitterでの拡散は
バレエ業界の人からの応援なのかも

YouTubeを始めた日から、僕は毎日、手帳に登録者数をメモしていました。

これまでは「今日は5人も増えた。スゲー！」なんて感じだったけれど、バズった日を境に勢いがかわり、登録者数を記録するのもやめました。

YouTubeには拡散機能がありません。『バレエあるある』が伸びたのは、Twitterでリツイートされていったからです。『バレエあるある』はだれが見ても楽しめるように、と思ってつくりましたが、おもしろさが本当にわかるのはバレエ経験者。僕の動画をシェアしてくれた人の中には、バレエ界の人もそれなりに含まれているはずです。僕にとっては、このことがとてもうれしかった。

僕のYouTubeチャンネルのターゲットは、バレエ界の外の人。バレエに関心のない人に見てもらいたいから、おもしろさに寄せた動画にしています。でも、そんな動画を受け入れてくれる人が、バレエ界の中にもいた！　バレエのイメージをかえたい、もっと多くの人にバレエに触れてもらいたい。そんな風に思っているバレエ関係者は、僕が思うほど少なくないのかもしれません。

「バレエを広める」ために活動するプロのバレエダンサー兼ユーチューバー。そんな存在を少し認めてもらえたように感じたことは、第一目標だったYouTubeの収益化を達成したこと以上の喜びでした。

YouTubeの方向性はやりたいことではなく数字で決める

バズった直後、視聴者が期待しているのは『バレエあるある』だとわかっていましたが、続けて出すことはしませんでした。「ヤマカイ＝バレエあるあるの人」になるのは避けたかったからです。

間隔をあけて『バレエあるある』を投稿し、その合間に違うタイプの動画を出す。人気の動画が注目されているうちに、次に当たりそうなテーマを探すための作戦です。

YouTubeのラインナップを決めるときは、今でもこの考え方を基本にしています。新しいテーマや切り口を探すのは、簡単ではありません。あれこれ試しては、視聴者の反応を見て次に生かす、の繰り返し。やってみたことを続けるかやめるかは、数字で判断しています。

たとえば初期には、「かっこいいヤマカイ」を演じてみたこともあります。でも、再生回数はまったく伸びず。僕としては続けてみたい気持ちもありましたが、現実を受け入れてイケメン路線はあきらめました。

また、『バレエあるある』でも、伸びるものと伸びないものがあります。なぜだろう？ と見くらべてみると、人気が高い動画ではどれも、僕が叫んでいる！ こんな単純なことで？ とも思うけれど、ウケるならどんどん叫ぼう、となるわけです。

バレエ学校時代、演技の楽しさに目覚めさせてくれたニコライ先生のおかげで、僕は「はっちゃけキャラ」にまったく抵抗がありません。だから、叫ぶのもふざけるのも楽しめます。自分の殻を破り、振り切ってキャラを演じること。ニコライ先生の教えは、バレエ以外の場面でも僕を助けてくれています。

バレエとYouTubeは位置づけがまったく違う

僕にとってバレエは、手間と時間をかけて仕上げるフランス料理。美しさも味も完璧で、特別な日に味わいたいものです。これに対してYouTubeは、チェーン店の定食のイメージ。気軽に、毎日楽しんでほしいと思っています。

たとえば、アイドルのダンスをコピーする『踊ってみた』。あくまでネタとして見せているので、バレエの技術を生かして美しく踊ろうとは考えません。僕が想定している視聴者は、バレエを知らない人。「腕の位置がおかしいよね」「体の軸がずれてるんじゃゃね？」なんて見方をする人はいないでしょう。

一般の人が『踊ってみた』に期待しているのは、そこじゃない。見る目的は、ただ楽しむことです。

その証拠とも言えるのが、ネレアさんが出ると無条件で再生回数や視聴時間が伸びること！　それがわかってからは、「そこに立っていてくれるだけでいいから。お願い！」と拝み倒して出てもらうこともあります。忙しい中、コスプレやアイドルダンスにもつきあってくれるネレアさんには、感謝しかありません。

バレエを踊るときは、もちろん10点満点中10点を目指します。でも、YouTubeでは6点ぐらいかな？　『踊ってみた』を楽しんでもらえるのは、踊りがうまいはずのプロのバレエダンサーが、慣れないダンスに苦戦する様子がリアルに伝わるから。ダンサーとしての技術を見せることではなく、アホなコスプレをして真剣に踊るライブ感や、その場の楽しさを発信することにこだわりたいと思っています。

ビリー・アイリッシュの『bad guy』を、
バレエダンサーが踊るとこうなる。

ネット通販で買った衣装を着て、
映画『アラジン』の『A Whole New World』を熱演。

料理。

店の定食

バレエはフランス YouTubeはチェーン

自分の活動への迷いから救い出してくれたのは応援の声

『ヤマカイTV』が目指しているのは、多くの人にバレエに興味をもってもらうことです。そのためのシンプルな方法として、バレエのステージの動画を投稿したこともあります。でも残念ながら、バレエ動画は再生回数も視聴時間もあまり伸びない。もともとバレエが好きな人は楽しめるけれど、興味がない人は離脱してしまうんです。

視聴者は、内容よりも「人」に興味をもつといわれています。だから、まずは「ちょっとへんなことをしているバレエダンサー」として、僕に興味をもってもらいたい。僕が出ているYouTubeを通してバレエに触れる時間が増えていけば、いずれバレエそのものへの興味も湧いてくるんじゃないかな？　と思うからです。

ふざけた動画を配信しても、バレエ関係者の反応は心配していたほど否定的ではありませんでした。もちろん厳しい意見に向き合う機会もありましたが、自分なりに精一杯考え、対応してきたつもりです。

だれかを傷つけてまで自分が幸せになろうとは思わない

僕がYouTubeで続けてきたのは、「さまざまな畑におじゃましてバレエを見ていただく」ことです。バレエダンサーである僕本来の持ち場は、バレエ畑。でも僕はあえて自分の持ち場を離れ、「カップルチャンネル畑」「踊ってみた畑」「海外生活畑」などに種まきをしてきました。

僕にとっていろいろな畑におじゃまするのは、自分の目標をかなえるためであり、同時に楽しいことでもあります。でも、僕がよその畑においてくるのは「バレエ」という実をつけた作物ではなく、「将来的にバレエにつながるかもしれない」という種にすぎません。

動画をつくる側の僕たちは、自分のしているおふざけ＝「バレエの種」と考えています。忘れてはいけないのは、ほかの畑の持ち主や視聴者のすべてとその思いを共有できているわけではない、ということです。

単に悪ふざけをしているように受け止められてしまえば、僕がしていることはバレエダンサーを名乗ってよその畑を荒らす迷惑行為。バレエ畑の人にも、よその畑の持ち主にも不快な思いをさせることになる……。

僕がいちばん恐れているのは、自分のしたことでだれかを傷つけることです。でも、ほぼひとりで制作していると自分の中の思い込みに気づけなかったり、第三者的な視点が不足してしまったりすることもあります。

もしかしたら僕は、自分が目的を果たして幸せになることばかり考えていたんじゃないか？　そのせいで傷ついた人がいたんじゃないか？　そんな思いが強まって苦しくなり、ＹｏｕＴｕｂｅをしばらく休止した時期もありました。

でも結果的に、このことが僕に力をくれました。休止していた間にＹｏｕＴｕｂｅに入ったコメントは約2万件。ＴｗｉｔｔｅｒやＩｎｓｔａｇｒａｍにも数えきれないほどのメッセージが届きました。

感謝と同時に、自分たちを気にかけてくれる人がこんなにいるんだ、とびっくり。応援のメッセージにひとつずつ目を通すうちに、感謝とともに、これからも自分の信じることをやっていこう、とポジティブな気持ちを取りもどすことができました。

Chapter 4

ダンサー気分になってみる！自宅でできるバレエ風ストレッチ

バレエダンサーになりきって自宅ストレッチを楽しんでみる

僕がバレエを始めたのは、6歳のとき。プロのバレエダンサーの多くは3〜4歳頃、遅い人でも10歳以前にスタートしています。そのため、「バレエ＝子どもの頃から習わなければうまくなれない」というイメージがあります。

たしかに、プロを目指すなら早いうちにスタートする必要があるかもしれません。でも、体づくりや楽しむことが目的なら、何歳からでも始められます。

バレエにはさまざまな「型」があり、型から型へ流れていくことで踊りが完成します。つまり、バレエのレッスンの基本は型を練習することなんです。

正しい型を確認するため、世界的に有名なバレエダンサーも、バレエを始めたばかりの5歳児と同じ基礎練習を毎日繰り返しているはず。基本的なレッスンの内容がレベルや年齢によってかわらないことは、バレエとほかのスポーツの大きな違いのひとつだと思います。

バレエの特徴は大きくゆったりと動くこと

YouTubeに投稿している『踊ってみた』では、僕たちバレエダンサーのダンスは、はっきりいってヘタクソです。いちばんの理由は練習不足ですが、もうひとつ言いわけをするなら、バレエとダンスの違いも影響しています。

バレエではひとつひとつのポーズが、足はこう、腕はここ、顔はこっち、と決まっている。僕たちは、常に型を美しくつくることを意識して踊っています。

でも、ヒップホップなどのダンスは体の使い方が自由です。「こんな感じでヨロシク」なんて言われても、バレエダンサーは、「えーっと、指は曲げる？　伸ばす？　そらす？」「目線はどこへ？」なんてあたふたしてしまうわけです。

また、バレエは大きな劇場で演じることを前提につくられているので、動きはどれも大きくてゆったりしています。そのため、テンポの速い動きに対応するのも得意ではありません。

つまり、バレエとは「大きくゆったりと、美しいポーズをとる」踊り。こうした体の使い方は、バレエダンサー以外の人も心がけてみるといいんじゃないかな、と思います。立ち方ひとつで、日常的な動作の美しさもかわってくるからです。

無理なくできるところから　ストレッチで動く体をつくっていく

バレエダンサーが同じ動きをひたすら練習するのは、バレエに必要な体の使い方を身につけるため。最初はうまくできなくても、少しずつ体の柔軟性が増し、筋肉も正しくついて上達していきます。そして、コツコツ続けることで、バレエに適した体ができあがっていくんです。

そのため大人になってからバレエを始める場合は、無理をしないことが鉄則。バレエの動きは特殊です。体がきちんとできていない人が、形だけまねようとするのは危険。体に負担をかけないためにも、知識のある指導者について、体の状態に合うことから始めるのが理想です。

コツコツ続ければ、自分なりの上達は感じられるはずです。昨日より少しできた、などとプロセスを楽しめるのがバレエの魅力のひとつだと思います。

興味はあるけど、わざわざ習いにいくのもちょっと……なんて場合は、自宅でのストレッチから始めてみてはどうでしょう。

体の動きをきれいに見せるためには、ある程度体がやわらかいほうがいい。また、筋肉をほぐすことで体を動かしやすくなるので、肩こりや腰痛などの予防&改善にもつながると思います。

毎日のストレッチは、プロのバレエダンサーも欠かしません。筋肉や関節をこまめに動かすことは、動く体をキープするための最低条件だからです。

126ページからは、自宅でもやりやすいストレッチを紹介しています。自分にできそうなものを選んで、無理のない範囲で試してみてください。

ストレッチをするときは、力まずにリラックス。ゆっくりと息を吐きながら、「気持ちいい」と感じるところまで伸ばしましょう。頑張りすぎとガマンは禁物。痛みや違和感を覚えたら、すぐにストップしてください。

BGMには、ぜひ優雅なクラシックを。体の動きは、音楽に合わせてゆったりと大きく。バレエダンサーになりきって、ストレッチを楽しんでみてください。

基本の姿勢

正しい立ち方は、バレエの基本。バレエダンサーの姿勢をお手本に、背すじがすっと伸びた美しい立ち方を練習しましょう。

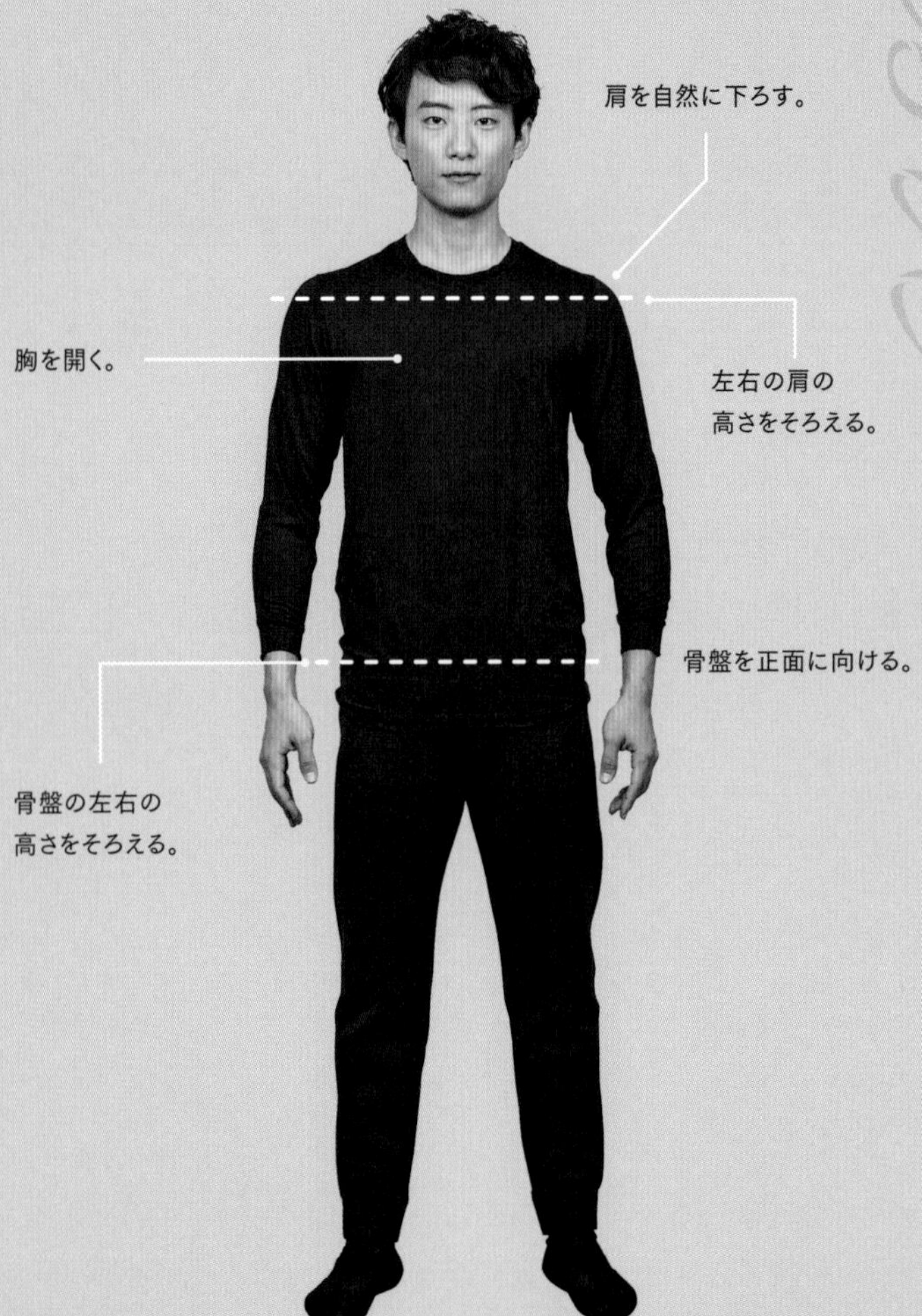

肩を自然に下ろす。
胸を開く。
左右の肩の
高さをそろえる。
骨盤を正面に向ける。
骨盤の左右の
高さをそろえる。

Base

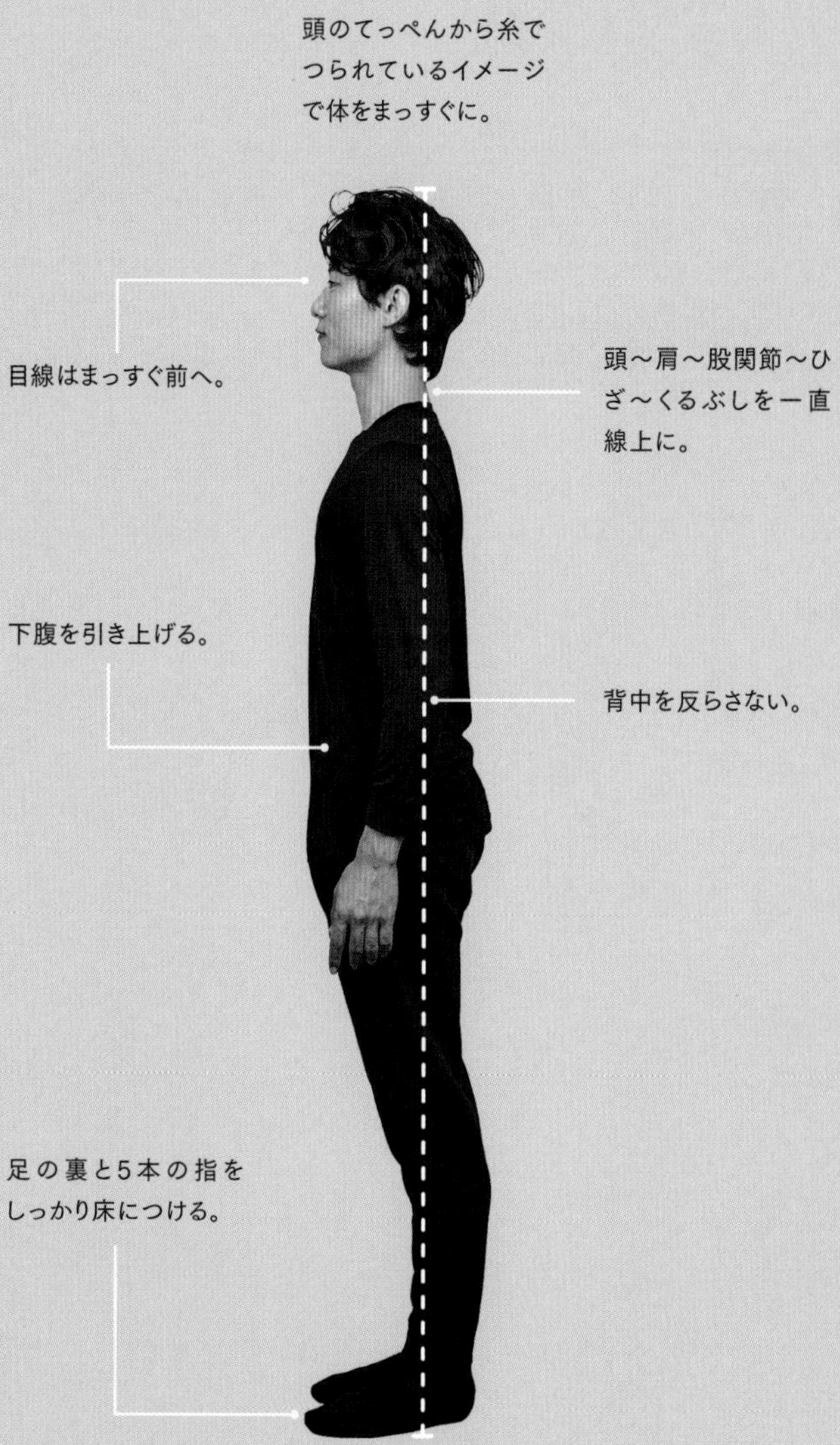
頭のてっぺんから糸でつられているイメージで体をまっすぐに。
目線はまっすぐ前へ。
頭～肩～股関節～ひざ～くるぶしを一直線上に。
下腹を引き上げる。
背中を反らさない。
足の裏と5本の指をしっかり床につける。

バレエの足のポジション

バレエには、6つの「足のポジション」があります。
初心者には難しいので、じっくり眺めてイメトレを楽しんで！

1st Position

左右のかかとをつけて、つま先を外側へ180度開きます。

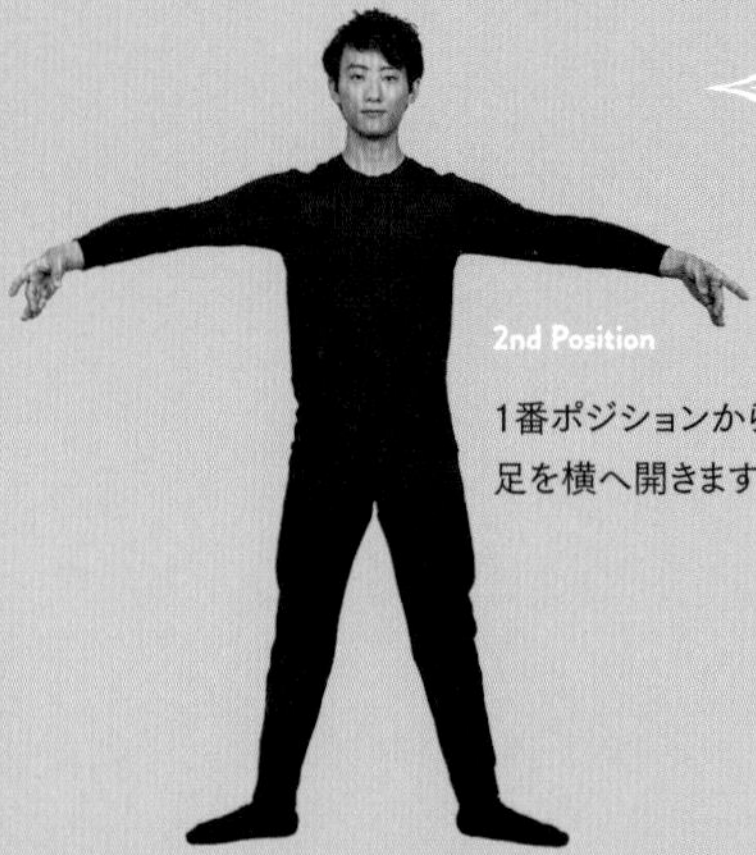

2nd Position

1番ポジションから、足を横へ開きます。

3rd Position

左右のかかとの外側と内側をくっつけるように立ちます。

5th Position

左右のかかとと
つま先を交互に
重ねるように立ちます。

4th Position

3番ポジションから、
さらに足を
前に出します。

6th Position

つま先を正面に向けて、
基本の姿勢で立ちます。

バレエ気分でゆるストレッチ

バレエダンサーみたいに動ける体を目指すなら、まずはストレッチから！
空き時間や寝る前に、無理なくできるものから始めましょう。

Stretch 1

股関節グルグル

{ココがほぐれる！}

股関節
おしり
腰

01 仰向けに寝て、両ひざを曲げて足を上げます。

02 両手をそれぞれひざに当て、足を外回りにゆっくり回します。

03 02と同様に、内回りにゆっくり回します。

※P126〜135のストレッチはやりすぎると体に負担をかけるので、回数や時間の目安を守ってください。

Stretch 2

V字開脚ストレッチ

{ ココがほぐれる! }

股関節

ももの内側

無理なくできるところまで開けばOK

できる人はかかとをもってみて!

01 仰向けに寝て、両足をそろえてまっすぐ上げます。

02 足を伸ばしたまま、できるところまでゆっくり開脚します。

03 太ももやひざの裏などに手を当て、軽く床のほうへ引きます。

Stretch 3

壁ドン背中伸ばし

{ ココがほぐれる！ }

おしり

太もも

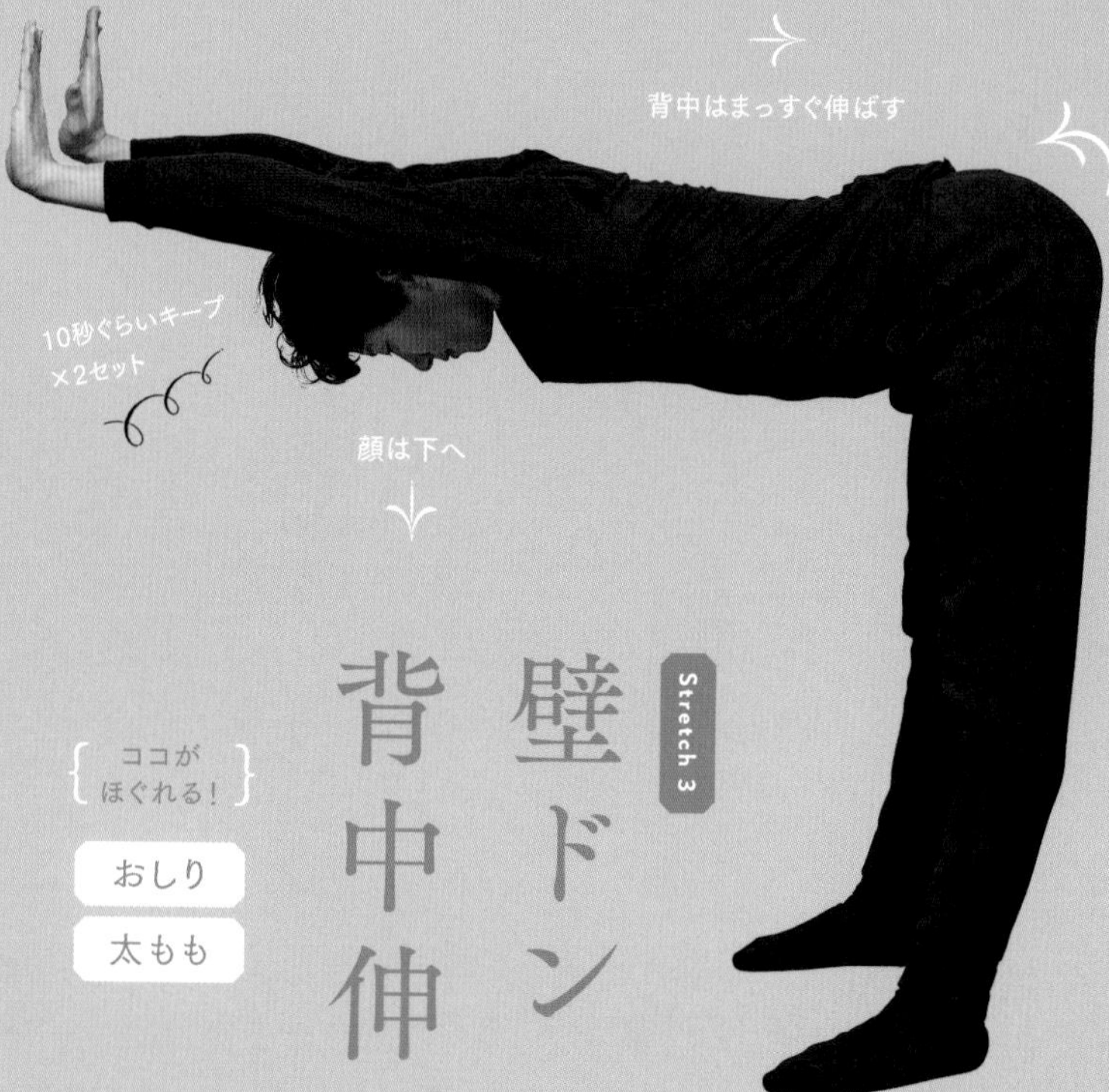
おしりを突き出すように
体を倒す

01 足を肩幅に開き、壁から少し離れて立ちます。

02 壁に両手をつき、背中が床に平行になるまで上半身を倒します。

Stretch 4

あぐらストレッチ

{ ココがほぐれる! }

おしり

太もも

腰

背中

背中を丸めない
20～30秒ぐらいキープ
腰から体を倒す

01 あぐらをかくように両足を組んで座り、両腕を上げます。

02 背中を伸ばしたまま、体を前へ倒します。

Stretch 5

4の字おしりほぐし

ココがほぐれる!

おしり

太もも

腰

股関節まわり

01 仰向けになってひざを曲げ、左ひざの上に右足のくるぶしをのせます。

02 曲げた右足の間から右腕を通し、左ひざの下で両手を組みます。

03 左ひざを胸に引き寄せます。

04 反対側も同様に。

曲げた右足と左の太ももで
「4」をつくるイメージ
20〜30秒ぐらいキープ
胸のほうへ引き寄せる

Stretch 6

仰向け腰ひねり

顔は上へ
左肩を床につける
20〜30秒ぐらいキープ

ココがほぐれる!

おしり	腰
太もも	脇腹

01 仰向けになり、左足を曲げて両手で抱えます。

02 右手でひざの外側を押しながら、左足を右へゆっくり倒します。

03 02 と同時に、左腕はまっすぐ横へ伸ばし、左肩を床につけます。

04 反対側も同様に。

Stretch 7

プロポーズ風太ももストレッチ

ココがほぐれる！

おしり

太もも

腸腰筋《ちょうようきん》

股関節まわり

01 右足を前に出して垂直に曲げ、左足はひざをつきます。

02 両手をひざにおき、上半身を動かさずに左足を後ろへ伸ばします。

03 反対側も同様に。

Stretch 8

じんわり体側伸ばし

{ ココがほぐれる! }

脇腹

股関節まわり

真横へ倒す

20〜30秒ぐらいキープ

01 床に座ってできるところまで足を広げ、左足を曲げます。

02 左腕を上げ、体を右へ倒します。

03 反対側も同様に。

Stretch 9

立てひざ上体そらし

ココがほぐれる!

おしり

太もも

腰

股関節まわり

01 足を軽く開いてひざ立ちになります。

02 ひざを垂直に曲げたまま、左手で左のかかとをもちます。

03 さらに右手で右のかかとをもち、上体をそらします。

※かかとをもつ順序は、右→左でもOK。

Stretch 10

憧れのバレエダンサー立ち

ココがほぐれる!

おしり

太もも

腰

背中

壁や安定した家具などに手をおいて体を支えても!

01 右足を伸ばしたまま体の横から上へ上げ、右手で足をもちます。

02 反対側も同様に。

レッスンで使われる バレエ用語いろいろ

レッスンでは、おもにフランス語が使われます。
これからレッスンを受けてみたい人は予習のため、
そうでない人はバレエダンサー気分に浸るために役立てて！

基本の言葉

position《ポジション》

手や足をおく位置。

révérence《レヴェランス》

レッスンの前後に行うおじぎ。

demi《ドゥミ》

半分の。

pas《パ》

ステップや動き。

petit《プティ》

小さい。

grand《グラン》

大きい。

adagio《アダージオ》

ゆっくり。

allégro《アレグロ》

速く。

ポーズや動きを表す言葉

attitude
アティテュード

片方の足で立ち、
もう片方の足をひざを
曲げて上げたポーズ。

retiré
ルティレ

片方の足を曲げ、
軸足のひざの位置に
つま先をつけた状態。

à terre
ア・テール

床に足の裏全体を
つけた状態。

arabesque
アラベスク

片方の足で立ち、
もう片方の足を後ろへ
伸ばしたポーズ。

relevé
ルルヴェ

足の裏を床につけた
状態から、かかとを
上げて立つこと。

cou-de-pied
ク・ドゥ・ピエ

軸足のくるぶしに、
もう片方の足先を
つけた状態。

pointe
ポアント

トウシューズで
つま先立ちした状態。

croisé
クロワゼ

正面から見たとき、
足が交差している状態。

ポーズをや動き表す言葉

plié
プリエ

ひざを
曲げること。

battement
バットマン

片方の足を
けり出すような動き。

rond de jambe à terre
ロン・ド・
ジャンブ・ア・テール

足を伸ばし、つま先で
床に半円を描く動き。

port de bras
ポール・ド・ブラ

腕の
動きのこと。

pirouette
ピルエット

片方の足で立って
回る動き。

préparation
プレパラシオン
(プレパレーション)

動きに入る前の
ポーズをとること。

en dedans
アン・デダン

軸足に対して
内側へ。

en dehors
アン・ディオール

軸足に対して
外側へ。

Chapter 5

ヤマカイ流・
バレエガイド

踊りと音楽、観客の一体感は生の舞台だから味わえる

プロのバレエダンサーとしての初舞台は、たしか『眠れる森の美女』。僕の役は、悪役の手下でした。子どもの頃から発表会などがあるし、バレエ学校に入学後は、バレエ団の公演に出させてもらう機会もあります。僕に限らず、バレエダンサーはアマチュアの頃から観客の前で踊ることに慣れています。そのせいか、「ああ、プロになったんだな～」なんて感慨はなかった気がします。

技術を磨くことに精一杯で、毎日「練習練習！」と焦っていた時期だったこともあり、練習の一環のような気分で舞台に出ていました。バレエ学校の生徒から昇格する形での入団で、環境もほとんどかわらなかったため、自分の中でアマチュアとプロの線引きがあいまいだったんだと思います。

プロのバレエダンサーになった証が、お給料をもらえること。当時のルームメイト

だったマルコくんは、「初めてのお給料は思い出になるから、よく考えてから使いみちを決めるといい」とアドバイスしてくれました。

その通りだな、と納得し、しっかりした考えかたをするマルコくんにも感心しました。でも気がついたときには、記念すべき初任給はなくなっていました。これといったものを買ったわけではなく、お菓子を買ったりしてるうちになくなっちゃった、というのが本当のところです。

プロとしての自覚が出てきたのは、ニューヨークのバレエ団が経営破綻し、ニュージャージーのバレエ団に移籍した頃。バレエ学校の続きのような環境がかわったことで、「踊ってお金がもらえるなんて、すごいことだな」と実感するようになりました。

テニスの試合もバレエの公演も 見る人が多いほどテンションが上がる

僕は、人に見られるほどよい結果を出せるタイプ。人を楽しませるのが好きなので、見ている人の反応が応援に感じられます。

高校時代のテニス部の試合でも、見学者が多いコートだと練習以上の力を発揮しました。やる気の原動力は勝ち負けではなく、自分のプレイで見る人を驚かしたり楽しませたりしたい！　という気持ちです。だから、会場の端にあるだれも見にこないようなコートだとぜんぜんテンションが上がらない。「もういいや。早く試合を終わらせよう」なんて気分になりました。

この傾向は、もちろんバレエに関しても同じです。さぼっているつもりはないけれど、人があまり見ていないリハーサルだと、今ひとつ気分が上がらない。今のバレエ団で初めて組んだパートナーからは、「リハーサルと本番で、気持ちの入り方がぜんぜん違う！」と突っ込まれました。

オーケストラピットの指揮者と舞台上からアイコンタクトを試みることも

こんな僕にとって、本番の舞台は最高に気分が上がります。豪華な衣装やセット、オーケストラの生演奏……。音楽に関しては、踊りやすさで言えばCDの勝ち。でも、会場の雰囲気を盛り上げるライブ感は、生演奏のほうが数段上です。

CDの音楽は常に同じですが、生演奏は、毎回違いがあります。指揮者の気分によって、テンポが速くなったり遅くなったり……。踊りと合わせるため、リハーサルの段階で「ここはもう少し遅く」などとリクエストを出すこともあります。でも本番では、遅くなるどころか速くなっちゃった、なんてことも起こります。

踊る側にとっては、「遅すぎる」のがいちばん難しい。遅すぎるとやりにくい技もあるし、女性ダンサーを持ち上げるリフトの時間がのびるとつらい！　実際には2〜3秒でも、男性ダンサーには10秒以上長くなったように感じられます。

だからイントロがいつもより遅いと、いやな予感がじわっ。舞台上でダンサー同士、「めっちゃ遅いよね？」「このテンポ、やばくない？」なんて目で会話をかわします。

舞台上のダンサーとオーケストラピットの指揮者は向かい合っているため、ぜんぜんテンポが上がらないときは、指揮者に「ちょっと遅すぎるんだけど？」と目で訴えてみる！　ただし、まだ一度も伝わったことがないので、もう少し目力を鍛える必要がありそうです。

ダンサーも、指揮者も演奏者も生身の人間だから、できあがる作品は一度きりのもの。そして観客が生み出す雰囲気も、出来栄えを左右します。一生に一度の貴重な経験を客席と分かち合うのが、僕にとって最高の瞬間です。

バレエ鑑賞は「非日常体験」として楽しんで

映像でもバレエを見ることはできますが、せっかくなら劇場で見てほしいと思います。映画とは違い、バレエは生で見るためにつくられたもの。映像では伝えきれないよさがあると思います。

プロになって間もない頃、舞台の後でディレクターに声をかけられました。その日の出来栄えをほめてくれた後、「ひとつ課題を挙げるとすれば……」と前置きして、もう少し「客席とのつながり」を意識してみるといい、と。

なるほど！　と思った素直な僕は、翌日、舞台上から観客の顔を見つめ続けました。その結果、踊りの出来は今ひとつになってしまいました。人の顔を見ると、なぜか集中が途切れてしまう。余計なことが気になって普段通りに踊れないように感じました。同僚のダンサーに話してみると、どうやら僕に限ったことではないようでした。

人の表情からはさまざまなことが読みとれます。顔を見ると大量の情報が入ってくるせいで、踊りに集中できなくなるのかもしれません。同僚も、観客ひとりひとりの顔は意識しないようにしている、と言っていました。

どうやら、「客席とのつながり」は、「観客の顔を見る」という単純な方法でつくるものではなかったよう。ディレクターのアドバイスは、「客席とのつながりを感じさせる技術」を身につけなさい、という意味だったのでしょう。

僕に必要だったのは、「実際には見ていないけれど、見ているように感じさせる」こと。作品の中で感情を表現するためには、自分の見え方や、見る側の受け止め方を計算する必要があるんだな、と学びました。

観客の顔を見つめながら踊ったのは、そのときだけ。今では、舞台の幅や奥行き、高さなどを含めて客席からの見え方を考え、表現を工夫するようになりました。

作品の内容だけでなく
「見にいく」経験を丸ごと味わう

劇場でバレエを見るなら、経験そのものを楽しんでほしいと思います。「レストランの雰囲気はゲストがつくる」などと言われますが、劇場も同じです。厳密なルールがあるわけではないけれど、できればちょっとおしゃれして行くのがおすすめ。客席も含めて「日常とは少し違う空間」が生まれ、バレエの世界に気分よく浸れると思います。

見終わった後も、ちょっと素敵なお店で食事やお茶を。すぐに日常に戻るのではなく、劇場の外でも別世界の余韻を楽しんでみてください。

僕がネレアさんとバレエを見にいくときは、家を出てから帰ってくるまでを「非日常体験のパッケージ」として楽しみます。ディナーはいつもよりちょっといいお店にしよう、なんてデートプランを立てる段階から、ちょっとハッピーになれます。

当日、劇場に着いたら上演前から雰囲気を味わって……といきたいところですが、つい職業意識が先に立ってしまいます。早めに着いたときは、ふたりで中をウロウロ。観客のキャパは？　劇場内の設備は？　ステージの高さは？　と、あれこれチェックしてしまいます。

作品の上演が始まってからも要注意です。気がつけば、「今のところは、自分だったらこうする」なんてことばかり考えている！　バレエダンサーにとって作品の中の世界は、ある意味、日常です。別世界に浸りきる……というより、刺激を受けてモチベーションを高める！　という見方をしてしまうのも仕方がない、のかな？

バレエはネタバレ状態で見たほうが楽しめる

バレエを見にいくとき、事前にしておくとよいことがあります。それは、ストーリーを予習すること。話の展開を楽しむ映画や演劇は、ネタバレしてしまうとおもしろさが半減します。でもバレエに限っては、知ってから見るのが正解です。

バレエはストーリーより、踊りや音楽による表現そのものが魅力。状況や人物の気持ちを説明するセリフもないので、知識ゼロで見ると話の流れがわからなくなりがちです。「え？　あの人だれ？　なんでいきなり回ってんの？」なんてことばかり考えていたら、雰囲気を味わうどころではありません。

ストーリーに加えて、感情を表す「マイム」も知っておくと、満足度が上がるかも。「王子がプロポーズした！」「姫がバッサリ断った……」などとわかると、物語がより生き生きしたものに感じられるようになると思います。

知ってトクするマイム

バレエの振りつけには、感情などを伝える
身振り＝マイムが含まれています。
よく使われるものを知っておくと作品の理解が深まります。

キミは美しい
Tu es magnifique.
踊りましょう
Dansez avec nous.

知らんがな
Je ne sais pas
Tuer/Mort
やったるで《ブヒ》
ひとつ頼むわ
S'il vous plaît

Mariage
結婚を
誓いますンゴ
Amour
Je m'engage.

くるみ割り人形

あらすじ

クリスマス・イブ。ドロッセルマイヤーおじさんからくるみ割り人形をもらった少女クララは、不思議な世界に迷い込みます。ネズミの軍団と闘うくるみ割り人形をクララが助けると、なんと人形が王子に！　クララは王子に連れられてお菓子の国へ向かい、大歓迎されます。パーティの席でうっとりするクララ……が目覚めると、自分の家におりましたとさ。

ココが見どころ

明るくにぎやかで、聞き覚えのある曲も多く使われているので、初心者でも楽しめます。お菓子の国の「中国の踊り」は東洋系のダンサーに振られることが多い役。僕も踊りまくってきたので、目をつぶっていても踊れそうな気がします。

※各作品のストーリーは、演出の仕方によってかわることもあります。

ヤマカイ流 バレエ作品解説 PROGRAM 2

眠れる森の美女

あらすじ

魔法にかけられ、16歳の誕生日から眠りつづけているオーロラ姫。100年後、ステキな王子が妖精に導かれて姫のもとへやってきます。悪い妖精の妨害を退けた王子は、美しいオーロラ姫にキス。目を覚ました姫にすかさずプロポースし、そのままにぎやかな結婚パーティになだれ込みます。

ココが見どころ

「キラキラした美しいバレエ」を見たい人におすすめ。ただし、激しい踊りで始まり、最後に超絶技巧を求められる見せ場があるため、主役の女性ダンサーにはとんでもない体力が求められます。僕にとっては、「悪役の手下」役で初めてプロの舞台に立った思い出深い作品でもあります。

ドン・キホーテ

あらすじ

自分を中世の騎士ドン・キホーテだと思い込んだおっさんが、憧れの姫を探して旅に出ます。町で出会った宿屋の娘・キトリを「姫！」と追いかけまわすうちに、なぜかキトリと恋人の結婚を手助けすることに。キトリの結婚式を見届けたドン・キホーテは、憧れの姫の幻を追ってまた旅に出る……という、にぎやかでおめでたいお話。

ココが見どころ

男性ダンサーの役が多く、僕が初めてソリストを務めたのもこの作品でした。バレエ学校の生徒だった頃、端役で出演した大手バレエ団の舞台では、ドン・キホーテが連れている馬が本物だった！　馬と共演したのは、そのとき一度だけです。

ヤマカイ流 バレエ作品解説 PROGRAM 4

白鳥の湖

あらすじ

イケメン＆マザコン気味の王子が、魔法で白鳥にかえられた美女・オデットにひと目ぼれ。愛の力で人間の姿に戻すんじゃ！と、花嫁選びのための舞踏会にオデットを招待するけれど、やってきたのはオデットに化けた悪魔の娘・オディールでした。

オディールに愛を誓ってしまう、うっかり者の王子！　絶望したオデットは湖に身を投げ、王子も後を追う……。

ココが見どころ

主役の女性ダンサーが白鳥（オデット）と黒鳥（オディール）を演じ分けたり、バレエの技術がモリモリだったり。ある程度知識があり、技の難易度などが見分けられるバレエ鑑賞中〜上級者向けの作品です。見る前のストーリーの予習は必須です。

ヤマカイ流 バレエ作品解説 PROGRAM 5

真夏の夜の夢

あらすじ

夏の夜の森に、恋愛感情が微妙に絡みあった4人の男女がやってきます。同じ頃、妖精パックは、妖精の王に命じられて惚れ薬を入手。いたずら好きなパックのせいで、人間4人の思いはしっちゃかめっちゃかになるわ、妖精の女王はロバに恋をするわ、と大騒ぎに。最後は惚れ薬の魔法が解け、全員幸せになってフィナーレを迎えます。

ココが見どころ

コメディ要素がある1時間ほどの短い作品なので、バレエ初心者でも楽しく見られます。ニューヨークのバレエ団でパック役を踊ったとき、劇場管理人から「今まで見た中でナンバーワン！」と言ってもらったことは、うれしすぎて忘れられません。

ヤマカイ流　バレエ作品解説　PROGRAM 6

不思議の国のアリス

あらすじ

少女アリスはうさぎを追って穴に落ち、ハートの女王が支配する世界に迷い込みます。お菓子を盗んだ疑いで追われるハートの騎士を救うため、アリスは不思議の国の奥へ。おかしな生きものに出会い、あれこれ巻き込まれた末にハートの騎士と再会……と思ったけれど、世の中はそれほど甘くなく、彼は女王につかまって裁判にかけられることに。

ココが見どころ

2011年に初演された新しい作品です。衣装や演出が華やかで、エンターテインメント性の高さは抜群です。オーロラ姫の踊りのパロディなどもあるので、『眠れる森の美女』を先に見ておくと、楽しみがさらに増えるかも。

ガラ公演（ガラコンサート）

どんな公演？

男女ペアのゆったりとした踊り↓男女それぞれのソロ↓ペアで難易度の高い踊り、という流れで構成される踊りを「パ・ド・ドゥ」といいます。ガラとは、さまざまなパ・ド・ドゥや作品の一部だけを集めた公演のことです。

ココが見どころ

作品の中で見せ場となる踊りをあれこれ見られる、「おいしいとこ取り」ができる公演。モダンバレエやコンテンポラリーダンスなども含めて構成できるので、作り手側も楽しめます。バレエを初めて見る人は、まずガラで踊りそのものを味わってみてもいいかも。通常のバレエだと途中で眠くなっちゃうんだよね、なんて飽きっぽい人にもおすすめです。

Chapter 6

世界を幸せにするバレエ

バレエはアート。楽しみ方は人によって違う

僕はバレエダンサーであり、ユーチューバーでもあります。そして、僕にとってバレエはアートで、YouTubeはエンターテインメント。まったく別のものだと思っているから、関わり方や発信の仕方をかえているつもりです。

あくまで僕の主観ですが、エンターテインメントは、ターゲットと楽しみ方が決まっているもの。「楽しみ方の説明書」があるイメージです。

たとえば僕のYouTubeチャンネルなら、ターゲットはバレエを知らない人。楽しみ方は、おふざけ動画を見て笑ったり、海外で暮らすバレエダンサーの日常生活をのぞいてもらったりすることです。

バレエの技術やバレエ作品に興味がある人にとっては見どころゼロですが、それは仕方がない、と割り切っています。だれに何を楽しんでもらうか、決めるのは僕。「発

信者ファースト」でつくられるもの、ともいえると思います。

これに対してアートは、ターゲットも楽しみ方も決まっていないもの。どう受け止めるかは、見る人次第です。

同じバレエ作品を見ても、10人いれば10通りの楽しみ方があるでしょう。踊った側の僕が表現したかったものがそのまま届くとは限らないし、それぞれの人の解釈に正解・不正解もありません。

「観客ファースト」なので、すばらしさを他人に伝えるのが難しい！「ヤマカイTV、くだらなくて笑えるよ」のように、ひと言で説明できるわけではないからです。

自分の成長とともに感じ方もかわっていく

でも、このつかみどころのなさこそ魅力なのかな、とも思います。答えはこれ、と決まっていないから、「繰り返し見る楽しさ」も生まれます。

よく言われているのが、年代によってバレエの見方がかわるということ。

10代なら、ダンサーの技に目がいくでしょう。華やかな衣装やセットなども新鮮かもしれません。

20代は人物の心情が気になる時期。バレエには恋愛がテーマの作品が多いので、自分と重ねて感情移入するような見方ができると思います。

30～40代になると、役を演じるダンサーの人間性を感じとると言われています。人生経験が豊富になれば人を見る目も養われるし、ものごとを多面的に深く感じるようになる。その結果、役にダンサー自身の生きざまを重ねるような見方が可能になるんだと思います。

50～60代以上では、ダンサーの成長を見守ることに充実感を覚える人が増えてくるとか。同じバレエ団の公演を毎シーズン見るなど、「バレエ通」になることで生まれる楽しみだと思います。

たとえば『ロミオとジュリエット』。劇場の隣の席に座って見たとしても、「こんな恋愛したいなあ」と思う10代と、「私もこんな恋愛してたわ～。破局したけど」と思う30代では、作品の印象がかわるはずです。

ひとりひとりが自由に感じて、自分なりの価値を見出して楽しめる。バレエのこうした魅力を、ひとりでも多くの人に体感してほしいと思っています。

テキサスの「バレエフロンティア」で、ネレアさんと踊った『くるみ割り人形』の王子と金平糖の精。それぞれの感性で味わってほしい。

映画『リトル・マーメイド』のアリエル&セバスチャン。笑って❤

兄と会社を設立したのはバレエを広める事業に取り組みたいから

ＹｏｕＴｕｂｅを始めるとき、最初から趣味や楽しみではなく、「仕事」にしようと思っていました。動画制作の経験はなかったけれど、始めてみたら楽しめることがわかりました。僕は人前に出るのが好きだし、人を楽しませることも好き。おまけに、細かい作業を積み重ねることも好きなので、編集作業もつらくありません。

ただし、大好き！　という感覚とも違います。どちらかというと「得意」に近い感じ。だからこそ、仕事として続けられているんだと思います。

仕事だと「やらなければならない」という部分が出てきます。だから、好きなことを仕事にすると、きらいになってしまうかもしれません。でも、もともと得意なことなら、こなすのが楽。１００％楽しめないまでも、苦痛に感じることはないわけです。僕にとってのＹｏｕＴｕｂｅは、まさに仕事としてしっくりくるもののような気がします。

資金もないのに会社の事業内容を妄想

ＹｏｕＴｕｂｅで収益を上げられるようになって間もなく、僕は兄と一緒に会社を立ち上げました。現在はおもに、オンラインバレエ学校「ヤマカイ・バレエ・カンパニー（ＹＢＣ）」、講師派遣型の個人レッスン「ヤマカイ・マンツーマン・バレエ・コーチング（ＹＭＢＣ）」、バレエファッションブランド「ＫＡＩＴＯ　ＹＡＭＡＭＯＴＯ」の３つの事業を手がけています。

実は、ＹｏｕＴｕｂｅをスタートする時点で会社設立の構想はかたまっていました。事業内容を決める際は、まずバレエ界の課題を挙げ、その改善・解決に貢献できることは何か？　を考えていきました。

そのときに出てきた課題のひとつが、バレエ団を引退したりプロになることを断念したりしたダンサーが、スキルを活かす場が少ないということ。バレエスクールやコーチングは、少しでも雇用を生み出せれば、という思いから始めたものです。

兄とこうした計画を立てはじめた頃、会社をつくってバレエ界に貢献する活動をするつもりなんだ！　と、ネレアさんに話したことがあります。黙って話を聞いた後、ネレアさんは「ビジョンはいいと思う。で、資金は？」。

僕はやりたいことや楽しめることをしていると、それだけで満足してしまう傾向があります。でも仕事として何かに関わるときは、お金のこともきちんと考える必要があります。これまでも、冷静なネレアさんや兄の言葉で、お金にうとすぎる自分を何度も反省させられてきました。

ビジネスにはお金の知識も必要

ＹｏｕＴｕｂｅでわずかながら収益を上げられるようになった頃、兄から利益配分を決めておこう、と言われました。僕が「そんなのいいよ」と答えると、兄は「こういうことは、最初に決めておくべきだから」と粘る。

いくら言ってもわからない兄に腹が立ち、最後はきょうだいげんか寸前に。僕が「だから、いいんだって！　全額あげるよ」と言ったところで、兄が「え？　そっち？」。

僕は「兄が決めてくれていい」と言っているつもりでしたが、兄は「決めないまま

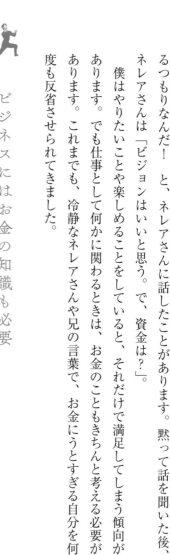

でいい」と受け止めていたんです。

兄は、自分が決めていいなら、と「じゃあ、作業は95％おまえがしているけど、利益は半々で分けるぞ！」。「いいよ」と答えた僕を見る兄の顔には、「アホな弟をもつと苦労するぜ」と書いてありました。

「利益は半々」という兄の言葉は、もちろん本気ではありません。面倒だからと「勝手に決めていい」と言い出した僕にあきれ、他人に丸投げすることのリスクに気づかせようとしたんです。

その後、落ち着いて話し合い、利益の60％は会社に入れ、残りを分配することに落ち着きました。ちなみにネレアさんは、僕たちからお給料をもらう、というスタイルを嫌い、会社にはいっさいタッチしていません。ＹｏｕＴｕｂｅへの出演料は、僕が負担する家賃の割合を多くしたり、たまにごはんをごちそうしたりすることで勘弁してもらっています。

「楽しめることをしていられればいい」というだけでは、仕事にはなりません。兄やネレアさん、そのほか一緒に働く人たちに迷惑をかけないためにも、もう少しお金の知識、いやそれ以前の常識を身につけなければ……。

自分たちの「これから」に向けてネレアさんとの関係も一歩前進

『ヤマカイTV』には、ネレアさんと僕の暮らしを紹介する、という側面もあります。国際カップルであることを入り口に動画を見てもらい、僕たちを知るうちにバレエにも興味が湧いてきた……なんて人が増えるといいな、と思っているからです。

6年以上一緒に暮らしているネレアさんは、かけがえのないパートナーです。自然に結婚を考えるようになりましたが、難しいのが、婚約指輪を買いに行くタイミング。唯一のチャンスが、2022年の年末に日本に帰ったときでした。

日本からもち帰った指輪はクローゼットの最上段に隠し、普段は使わないブランケットなどで覆ってカモフラージュ。すぐに渡さなかったのは、ちゃんとプロポーズしたかったからです。僕の頭にインプットされているプロポーズ情報は、YouTubeや映画からのものがすべて。「プロポーズ＝特別な場所で、サプライズで行うもの」と刷り込まれているので、計画を立て、準備する時間が必要だったんです。

ネレアさんには内緒で進めた プロポーズの準備

決行日に選んだのは、3月上旬の日曜日。僕のプランは、ビーチの景色のよいところで指輪を渡し、その日はホテルに1泊してリッチな気分を味わう、というものです。まずは、ホテルの予約。「プロポーズの後で行くんです!」と伝え、部屋のデコレーションや「I love you」のメッセージ入りケーキもお願いしました。

指輪を寝室に隠していたため、プロポーズ前夜は、ネレアさんがぐっすり眠るまでじっと待機。クローゼットの隠し場所から指輪の箱を取り出してジャケットのポケットに移す、という仕込みを終えたのは、朝の5時でした。

当日はデート動画の撮影を理由に、ランチの後、ビーチに誘いました。風が強かったこともあり、ネレアさんからは軽く反対意見が出ましたが、ここで引くわけにはいきません。「いやいやいや、僕はあっちに行きたい」と押し切りました。

決めておいたポイントに着いてからは、必死で平静を装いました。いつものようにビーチに座っておしゃべりをしましたが、ネレアさんがよく見ていたら、僕が挙動不審になっていることに気づいたかもしれません。リラックスしている風に寝ころんでいても、横目で周りをチラチラ。ホテルのチェックインの時間を気にしつつ、人通りが途絶えるチャンスをうかがっていたんです。

よし、今だ！と思えるタイミングで立ち上がり、ネレアさんの背後へ移動。バレエの舞台では経験したことがない緊張感と闘いながらジャケットを脱ぎ、指輪の箱をパンツのポケットに押し込みました。

婚約してかわったのは生活ではなくふたりの結びつき

ひざまずいて指輪を渡すと、ネレアさんは驚いて、喜んで……。プロポーズは大成功だったと思います。ただし後から、「指輪を出したとき、無言だったよね」と突っ込まれました。たしかに僕は、黙って箱をパカッと開けただけ。「あなたを一生守ります」なんてセリフを言えなかったことは、唯一の反省材料かもしれません。

まあ、撮影した動画を後から見ると、ネレアさんの前に回ろうとする僕のパンツのヒップポケットは箱の形にポッコリ。おまけに、前髪が強風にあおられたせいで、ちょっぴり気にしている生え際もチラリ。でも、それがなんだ⁉

指輪には、「プロポーズ用」の小さな箱もついていました。あえて大きな箱を選んだのは、そのほうがゴージャスで指輪がきれいに見えたからです。

ネレアさんと立ち位置を逆にすれば、風で髪があおられるのを防ぐこともできました。あえてリスクを冒したのは、自分の生え際より、ネレアさんの笑顔を美しい背景の中で撮りたかったからです。

僕のこんな思いが通じたせいかどうかはわかりませんが、プロポーズして以来、ネレアさんはこれまで以上に幸せそうにしています。生活は何もかわらないけれど、僕たちの気持ちのつながりは確実に強まったと思います。

ネレアさんの故郷のスペインでは、自分と配偶者の姓に加え、先祖代々の姓も受け継がれていくそうです。ネレアさんの名前も「ネレア・バロンド・アグアード・アフーリア・アポダカ・アギーレ・ディエス・アギーレ・ハーカ・イバルグッチ・カスタニエダ（まだまだ続く）」と、「寿限無《じゅげむ》」レベルの長さ。ここに「ヤマモト」も加わるのかと思うと、少し不思議な気がします。

バレエと、バレエに関わる人のために何ができるかを模索中

「バレエを広める」ことを目標にYouTubeを始めてから、約6年たちます。週3回＋αの配信をしてきたため、家で過ごす時間のほとんどは動画の撮影や編集作業でつぶれてしまいます。

僕にYouTubeを勧めてくれた「ロキシーバレエ団」のマークさんは、「YouTubeの欠点は時間がかかることだ」と言っていましたが、その通りでした。でも、自由時間は減ったけれど、YouTubeからはそれ以上のものを得ています。

そのひとつが、バレエに関わりがない人たちとのつながりができたこと。バレエ界とは違う価値観に触れる機会が増えたことで視野が広がり、課題も見えてきました。

バレエダンサーが身をおく世界は、かなり特殊です。本気で打ち込むほど、「もっと上達したい」という気持ちが強まってくる。そして、常にバレエのことで頭がいっ

ぱい……なんて状態になってしまいます。

バレエだけに打ち込める特殊な環境をつくるからこそアーティストが育つ、という考え方もあるでしょう。たしかに、そういった面があるのも事実だと思います。でも、努力した人のすべてがプロになれるわけではありません。

実力があっても、バレエ団に空きがないためにプロになるのをあきらめざるを得ないこともあります。プロになったとしても、バレエダンサーの収入は決して高くありません。シーズン単位の契約である場合も多いために立場も不安定だし、ダンサーとして第一線で活動できるのは、30代ぐらいまででしょう。

習いごととしてバレエの人気が高い日本では、バレエを学ぶ人は多いのに、バレエを仕事にできる人は限られています。プロのバレエダンサーの椅子は少ないし、バレエ教室は飽和状態だし……。

バレエをビジネスとして成立させるには？

バレエに関わるものとして、こんな現状をなんとかできないか？　と考えずにはいられません。でも今の僕には、バレエ界の課題をスパッと解決する力もアイデアもありません。

ただひとつできそうなのが、バレエに興味をもってもらうこと。遠回りなのはわかっているけれど、バレエを広めることは、バレエに新しい価値を加え、求められる場が増えていくことにもつながるのではないかと思っています。

バレエはヨーロッパで生まれた芸術です。もちろん基本の部分はかわらないけれど、アメリカでは、バレエもアメリカ流に味つけされています。

派手なものが好まれるアメリカでは、バレエのメソッドにも派手に見える要素がとり入れられています。作品の演出や振りつけも、ヨーロッパより華やか。物語性をなくして音楽と踊りだけで見せる「バランシン・スタイル」など、新しいタイプのバレエも生まれました。

アメリカでは、バレエがビジネスとして成立しています。その理由のひとつが、「バレエとはこうあるべき」という部分だけにこだわらず、自分の国で受け入れられる形に変化させていく柔軟性があったからではないかな？　と思います。

バレエは古典芸術で、その本質はこれからも守っていくべきです。でもそれと同時に、「見てもらうための取り組み」があってもいいと思うのです。

本物のバレエを多くの人に見てほしい

本格的なフランス料理は、高級レストランで味わうもの。でも、その入り口がファミリーレストランであってもいいはずです。「フランス料理っておいしいな」と思えば、もっと食べてみたくなり、いずれは高級レストランへ行くかもしれないから。

でも、「高級なもの以外はフランス料理とは認めない」と、その他のものを排除してしまったら？　フランス料理の存在自体が知られず、高級レストランには限られた人しか足を運ばないでしょう。

ＹｏｕＴｕｂｅチャンネル『ヤマカイＴＶ』は、バレエ版・ファミレスのつもり。ひとりでも多くの人に、バレエに目を向けてもらうために続けてきました。

ファミレスでバレエのおいしさに気づいてくれた人もきっといるはずです。その人たちには、ぜひ劇場でバレエを見てほしい。本物の味が口に合うかどうか試してみてほしいと思っています。

バレエダンサーとして新しい働き方にチャレンジしたい

6歳から今までバレエを続けてきましたが、踊ることとの向き合い方が少しずつかわってきているのを感じます。10代の頃は、とにかく技術を磨くことしか考えられませんでした。中学~高校生の頃、バレエから離れていた時期があるため、18歳でバレエ学校に入学する前後からは、追い立てられるように練習！　練習!!　練習!!!　体が動く時期だから、練習の成果は感じられる。でも、バレエの土台となる基礎を身につけるだけで精一杯でした。

20代前半でプロになり、オーディションを経て移籍も経験しました。技術面とともに、表現力を磨くことにも力を入れるように。役柄の感情なども考えられるようになったのも、この頃からだったと思います。

そして今、僕は20代後半です。体と技は、おそらく今がピークでしょう。経験を積んだことで自分の力量や調子も見きわめられるようになり、これまでいちばん、踊る楽しさを感じています。

「バレエを見てもらう」フェーズにやっとたどりついた

バレエとの関わり方は、これからも年齢に応じて少しずつかわっていくでしょう。でも、「バレエを広める」という目標はかわりません。

第一段階は、バレエに興味をもってもらうためのYouTube。第二段階は、「ヤマカイ・バレエ・カンパニー」などでのレッスンや、「KAITO YAMAMOTO」のアイテムでバレエ体験を楽しんでもらうこと。そして第三段階が、バレエ公演に足を運んでもらうこと。兄と会社を設立したときから決めていたステップです。

バレエに興味が湧いてきたとしても、実際にバレエを見にいくのはハードルが高いでしょう。映画やコンサートなら、見たいものを選ぶのは簡単。でもバレエの場合、どのバレエ団のどんな作品を見ればいいの？　と迷う人が多いはずです。

２０２３年５月、僕が所属する「ステイトストリート・バレエ団」が日本公演を行います。この公演を企画したのは、バレエを初めて見る人の「何を見ればいいのか問題」を解決するためです。ＹｏｕＴｕｂｅでおなじみの僕たちが出演する作品なら、「知り合いが出てるから」なんてノリで、気軽に鑑賞できるんじゃないでしょうか？

僕が続けてきた「バレエを広める」ための活動は、今やっと、「バレエを見てもらう」フェーズに入りました。コロナ禍による計画変更などで、応援してくれる方にご心配・ご迷惑をかけてしまいましたが、なんとかここまでこぎつけました。だから、とにかく見てほしい！　見てみたけれどつまらなかった……でもかまわない。一度でもバレエを見てくれたことがうれしいから。

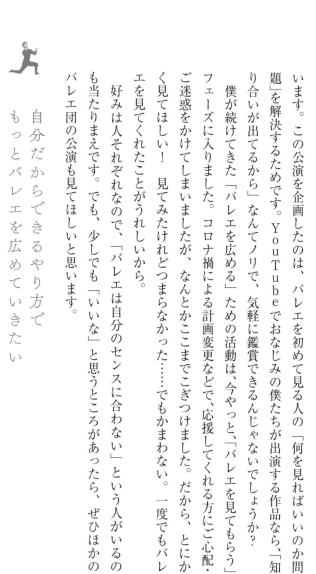

好みは人それぞれなので、「バレエは自分のセンスに合わない」という人がいるのも当たりまえです。でも、少しでも「いいな」と思うところがあったら、ぜひほかのバレエ団の公演も見てほしいと思います。

自分だからできるやり方で
もっとバレエを広めていきたい

バレエダンサーとして活動できる期間は、長くはありません。20代後半になり、自分はあと何回、公演の舞台に立てるんだろう？　などと考えるようになりました。まずはダンサーとして、ひとつひとつの作品を大切にしなければ、と思っています。

そして、日本公演をひとつの区切りとして、働き方をかえてみることにしました。バレエダンサーとして作品づくりに参加するためには、バレエ団に所属するのが一般的です。でも、２０２３年の夏からはバレエ団を離れ、これまでとは違う形で仲間と一緒に活動していこうと考えています。

僕のチャレンジがうまくいくかどうか、やってみるまではわかりません。これまで同じことをした人がいないので、自分が選んだ道がどこへ続くのか、予測することができないからです。

でも、これまでだってそうでした。先駆者がいないからと尻込みしていたら、いったんバレエをやめた僕が、プロになることはなかった。バレエダンサーがアホなことをするＹｏｕＴｕｂｅも始めなかった。

今の僕は、数十万人の登録者をもつユーチューバーであり、プロの日本人バレエダンサーです。こんな存在は、世界中で自分ひとりです。これからも、オンリーワンの存在であることを目指せばいいのかな？「バレエを広めるモノ」として。

ヤマカイのあれこれ教えますンゴ 70問70答

Q1 生年月日

1995年10月20日

Q2 血液型

A型

Q3 身長&体重

172cm & 60kg

Q4 好きな食べ物

イクラ、コーヒー

Q5 苦手な食べ物

ナス

Q6 好きな動物

犬、猫

Q7 苦手な動物

カラス

Q8 好きな色

赤

Q9 好きな花

睡蓮

Q10 得意料理

Mac & Cheese（マカロニにチーズソースをからめたもの）

Q11 目玉焼きに何をかける？

しょうゆ

Q12 好きな家事

皿洗い

Q13 苦手な家事

掃除機がけ

Q14 朝、起きて最初にすること

ぬるま湯を飲む

Q15 夜、寝る前にすること

ストレッチ、動画編集

Q16 得意なバレエの技

右ダブルトゥール（ジャンプして2回転する技）

Q17 苦手なバレエの技

左ダブルトゥール

Q18 バレエダンサーとしての長所

プリエの深さ、演技力

Q19 バレエダンサーとしての弱点

基本全部

Q20 得意なスポーツ

テニス

Q21 バレエ以外で得意なこと

友だちづくり

Q22 好きな俳優

藤原竜也さん

Q23 好きなミュージシャン

Stromae、Sam Smith

Q24 愛読書

THE RHETORIC
人生の武器としての伝える技術

Q25 好きな映画

グレイテスト・ショーマン、
ゲット・アウト

Q26 好きなマンガ

ハイキュー!!

Q27 好きなアニメ

化物語

Q28 好きな曲

Can't Hold Us(Macklemore & Ryan Lewis)、
On My Own(レ・ミゼラブル)

Q29 好きなテレビ番組

しゃべくり007、
ゴッドタン～The God Tongue 神の舌～

Q30 好きなYouTubeチャンネル

毎週キングコング

Q31 好きな野球選手

稲葉選手・新庄選手・森本選手
(野球少年時代の日ハム外野3人衆)

Q32 口癖は?

Vamos!
(バモス/「Let's go」的なスペイン語)

Q33 ひまなときにしていること

動画編集

Q34 自分の好きなところ

やさしい

Q35 自分のダメなところ

甘い

Q36 こわいもの

閉所

Q37 自分の顔の好きなパーツ

パーツはないけど配置

Q38 初恋はいつ?

18歳

Q39 初恋の人はどんなタイプ?

ポジティブ優等生

ヤマカイのあれこれ教えますンゴ

Q40 初めての恋人は?

ネレアさん

Q41 ネレアさんのチャームポイント

笑顔、テンション上がったときのヘンな踊り

Q42 ネレアさんとの初デートの場所

NYのセントラルパーク

Q43 ネレアさんとけんかしたときの仲直りのしかた

時間をおいて熱を冷ます

Q44 ネレアさんを動物にたとえると?

オオカミ

Q45 自分を動物にたとえると?

イルカ、ナマケモノ

Q46 ネレアさんへの初めてのプレゼントは?

手袋

Q47 ネレアさんからの初めてのプレゼントは?

バレエブーツとバレエパンツ

Q48 ペットの猫たちの性格

ケイタ:甘えん坊、
エデル:イケメン

Q49 ゆずれないこだわり

生活ルーティン
(水、食事、睡眠、コーヒー、運動)

Q50 アメリカの好きなところ

出会う人それぞれ違う価値観・考え方をもっているので、勉強になるし楽しい

Q51 アメリカの残念なところ

貧富の格差

Q52 自分の宝物

今あるもの

Q53 学生時代の得意教科

数学

Q54 学生時代の苦手教科

現代文

Q55 子どもの頃になりたかったもの

獣医さん

Q56 バレエダンサーになっていなかったら何になっていた?

インフルエンサー、

人に見られる職業

Q57 幸せを感じるとき

人を幸せにできたとき

Q58 人に言われてうれしいこと

何言われてもうれしい

Q59 今いちばん行きたいところ

公演できる場所いろいろ

Q60 今いちばんほしいもの

バレエ界大盛り上がり

Q61 宝くじが当たったら何に使う?

バレエ界への投資

Q62 ネレアさんをなんて呼んでる?

チキータ・デ・モナ

Q63 生まれかわれるなら何になる?

宇宙人

Q64 無人島にひとつだけもっていくなら?

ネレアさん

Q65 ストレス解消法は?

自然がある場所を散歩

Q66 最近買ってよかったもの

サングラス

Q67 最近うれしかったこと

プロポーズ大成功

Q68 最近驚いたこと

今まで必死にやっていたバレエの技が、やり方をかえたら簡単になった

Q69 最近感動したこと

アメリカバレエ公演のための移動中に見た春の雄大な景色

Q70 最近ハマっていること

アホになる

おわりに

最後まで読んでいただき、ありがとうございました。

楽しみ方をつくる側が決めるのがエンタメ、受け止める側に任されるのがアート。僕のこうした感覚に当てはめると、この本はアート……？　それぞれが自分なりに気に入った部分を見つけて楽しめるものになっていたらいいな、と思っています。

読んで感じたこと、考えたことは自分の中にしまい込まず、ぜひ発信してほしい。SNSでもいいし、もちろんYouTube『ヤマカイTV』のコメント欄でも歓迎します。バレエを広めるために、自分に何ができるだろう？　そんな疑問を抱えている僕にとって、ひとりひとりの声は貴重なヒントになるから。

僕の今の目標は、バレエを広めることです。同時に、その過程が幸せを広めることにもつながると信じています。これからもバレエを楽しみ、バレエで周りを楽しませていきたい。

引き続き、応援していただけたらうれしいです。ブヒ。

ヤマカイ

ヤマカイ

バレエ・ダンス系YouTuber。「バレエを広めたい、バレエ好きを増やしたい」という思いでYouTubeを続ける若手バレエダンサー。2023年現在アメリカ・カリフォルニアのバレエ団所属。スペイン人のパートナー・ネレアさんとの国際カップルとしても注目を浴びている。1995年10月20日生まれ。北海道育ち、函館ラサール高校卒。

バレエを広《ひろ》めるモノ

陰《いん》キャな僕《ぼく》が王子様《おうじさま》を踊《おど》る理由《りゆう》

2023年5月12日　初版発行

著者　ヤマカイ
発行者　山下直久
発行　株式会社KADOKAWA
〒102-8177 東京都千代田区富士見2-13-3
電話0570-002-301(ナビダイヤル)

印刷所　図書印刷株式会社
製本所　図書印刷株式会社

ISBN 978-4-04-606286-4　C0095